COLLECTION SAINT-MICHEL

LES NAUFRAGÉS
DE LA
MARIE ÉLISABETH

PAR

A. BERTHET

PARIS

G. TÉQUI, LIBRAIRE-ÉDITEUR

de l'Œuvre de Saint-Michel

85, RUE DE RENNES, 85.

1883

LES NAUFRAGES

DE LA

MARIE ÉLISABETH

Paris. —Imp. G. TÉQUI, 92, rue de Vaugirard.

COLLECTION SAINT-MICHEL

LES NAUFRAGÉS

DE LA

MARIE ÉLISABETH

PAR

A. BERTHET.

PARIS

G. TÉQUI, LIBRAIRE-ÉDITEUR

de l'Œuvre de Saint-Michel

85, RUE DE RENNES, 85.

—

1884

PRÉFACE

En présence de la situation où se trouve aujourd'hui notre armée en Algérie et en Tunisie ; en présence de la gravité des événements et de l'importance que prend de jour en jour notre colonie algérienne, j'ai cru devoir écrire ce petit ouvrage.

J'ai habité pendant des années l'Algérie comme militaire. J'ai parcouru les trois provinces d'Alger à Laghonat, de Constantine à Batna, d'Oran à Biskara. J'ai fait plusieurs expéditions dans la Kabylie, et je crois que les documents que l'on trouvera réunis dans ce volume seront des plus authentiques et des plus sérieux. J'ai d'écrit sans esprit de parti, comme touriste et comme Français, la richesse et la beauté de ce pays, malheureusement trop inconnues encore.

Je me suis aidé des excellents ouvrages de M. Victor Bérard, de M. Alfred Nettement, de Mgr. Lavigerie pour combler les lacunes qui se seraient présentées dans mes narrations. J'ai cherché à faire un livre instructif, amusant et moral tout à la fois.

Y serai-je arrivé ?...

Le public sera mon juge.

A. Berthet

Paris, le 22 avril 1882.

LES NAUFRAGÉS
DE LA
MARIE ÉLISABETH.

CHAPITRE PREMIER.

Marseille et la *Marie Élisabeth* — Le navire et les passagers. — Le départ. — Le golfe du Lion. Les Majorques. — Comment vient un grain. — Tempête — Naufrage du trois-mâts.

Qui ne connaît le vieux proverbe marseillais dont on a bercé notre enfance et qui a été répété tant de fois : Si Paris avait une Cannebière, ce serait un petit Marseille? Ce dicton est assurément faux, car on ne saurait sans forfanterie et sans vaine gloriole comparer la capitale de la France avec la reine de la Méditerranée. Cependant qu'il nous soit permis de dire, en passant, que par la situation, la douceur de son climat, la beauté de son port, la majesté de sa rade, Marseille peut à juste titre passer pour l'une de nos plus jolies villes, et surtout l'une des plus commerçantes.

Il faut avoir habité un port de mer, tel que Marseille, Nantes, Bordeaux ou le Havre, pour se faire une idée du mouvement et de l'animation qui y règnent sans cesse ; et la plume est impuissante à décrire cette fourmilière, ce va-et-vient continuel. Ici c'est un navire en charge, où les ballots de marchandises françaises vont s'enfouir pour le Levant, l'Espagne, l'Italie, le Sénégal, et autres pays éloignés. Là, au contraire, un autre se débarrasse des tissus de l'Inde, des cafés de l'Arabie, des riz d'Italie, des vins d'Espagne, et autre choses précieuses. Plus loin, ce grand trois mâts débarque des madriers de Suède et de Norwège, du goudron, des fers laminés ou en barres, venant de Karlscroone ou de Folkelstad ; ailleurs, au contraire, on hisse péniblement à bord des barriques de vin de Languedoc, de Provence de Bordeaux, les fûts de Cognac et d'eau-devie pour les transporter dans des contrées moins richement dotées que la France. Matelots et portefaix, courent, se heurtent, travaillent, tout en lançant, de temps à autre, quelques gros jurons méridionaux, lorsque quelque chose les contrarie. On entend partout le grincement des cabestans, des poulies, le bruit strident des guindeaux qui aident à lever l'ancre pour le départ, et le spectateur qui assiste pour la première fois à cette scène, est malgré lui frappé d'étonnement et d'admiration. Pour compléter le tableau on jette un coup d'œil au loin, et un panorama splendide se déroule devant vous. La mer aux flots bleus, aux vagues écumantes se déferle au large sur les rocs du château d'If et des Catalans, et la plage unie du Prado ; la chapelle de Notre-Dame de la Garde se détache, comme une sentinelle avancée sur la colline et semble dire à la ville: Je veille sur toi ; d'un côté le vieux fort St-Jean, reste de l'ancienne féodalité, défend les abords du port ; un peu plus loin les docks, les bassins de carénage, les paquebots de la Cie des Messageries maritimes, véritables géants de la mer, et plus loin encore le fort St-Nicolas, dont la masse se profile sur le ciel comme une immense silhouette ; Voilà en peu de mots Marseille à vol d'oiseau, et après cela qu'on ne s'étonne plus de la faconde marseillaise.

Le 10 juin 1878, on apercevait en avant des bassins de la Joliette, un superbe paquebot de la Compagnie franco-espagnole, la *Marie Elisabeth*. C'était un véritable chef-d'œuvre maritime, et plus d'un vieux pilote côtier, plus d'un marin consommé dans le métier, avait dit en l'examinant, c'est une riche barque, un fameux bateau. Et de fait, en considérant son allure dégagée, sa carène, fine et élégante, sa poupe allongée de l'étrave à l'étambot, sa mâture élancée, son gréement coquet, on était tenté de le visiter aussitôt. La *Marie Elisabeth* ne manquait pas d'é-trangers qui venaient la voir, et ce jour-là surtout, car on mettait la dernière main au chargement et le départ était annoncé pour le soir même ; Ce paquebot était à destination de Stora, Philippeville, avec escales à Oran, Alger, et tous les ports du littoral algérien.

Les passagers y étaient presque tous depuis le matin et, le pont du navire était encombré de malles et de bagages de toutes espèces que l'équipage et les journaliers faisaient disparaître au fur et à mesure qu'ils arrivaient dans le faux-pont et la cale.

Quelques-uns des passagers méritent une description particulière, et sans trop nous y arrêter, car nous trouvons ces détails ennuyeux pour le lecteur, nous tâcherons de les esquisser à grands traits.

Voici sur la passerelle de l'état-major, le commandant Leblanc, le type du marin consommé, mais qui est loin d'afficher les prétentions exagérées de brusquerie des vieux loups de mer. C'est à la fois un habile officier de marine et un homme du monde. On le reconnaît, rien qu'à ses manières et à sa tournure. Il est du reste adoré par les matelots de la *Marie Élisabeth* dont la plupart ont déjà navigué avec lui. A ses côtés se trouvent le lieutenant Nicolas, qui au contraire, se montre dur, hautain et insolent, avec ses inférieurs, humble avec ses supérieurs ; le commissaire du bâtiment, Monsieur Berval, ancien négociant, intéressé dans les bénéfices de la Compagnie et dont la mine joviale tranche avec celle de son voisin ; au bas de la passerelle, deux jeunes officiers, récemment reçus capitaines au long cours, causent du métier, et s'interrompent de temps en temps pour répondre aux questions du commandant, ou bien écouter les saillies du vieux docteur Guichard.

Quant à l'équipage, ce sont pour la plupart de vieux matelots, sauf les novices et les mousses, et le maître d'équipage, le père Boyer, n'a guère à se servir que de son sifflet pour commander la manœuvre.

Dans un coin près de l'énorme chaudière de la machine à vapeur, se trouvent les chauffeurs, occupés pour l'instant à embarquer le charbon nécessaire à la traversée, et le faisant disparaître dans la soute avec un entrain sans égal.

A l'arrière sont les passagers. Tout d'abord on remarque debout et appuyé sur les passavants de tribord un homme à la figure bronzée par le soleil et à l'air martial. Il est négligemment vêtu d'un uniforme de petite tenue sur lequel on voit briller et la croix de la Légion d'honneur et les galons de chef d'escadron. Car M. Richardot est en effet commandant de Spahis et se rend à Constantine pour y rejoindre son régiment. A ses côtés, ou plutôt à ses pieds, se trouve accroupi un jeune Arabe d'une quinzaine d'années et répondant au nom d'Abdallah-ben-Ismaïl. C'est un orphelin que M. Richardot a élevé et qui lui est dévoué jusqu'à la mort.

Sur les malles éparses au milieu du pont est assis un Anglais, sir James Wattingtson, avec sa lunette d'approche à la main et son sac de nuit au bras. Sa physionomie est placide et froide comme celle des fils d'Albion. Derrière lui, grave et le front soucieux, l'on distingue un homme d'un certain âge, aux cheveux grisonnants, au front large et déjà ridé, mais vers lequel on se sent attiré par une douce sympathie. C'est le Comte de Kéranval, riche propriétaire de la Mitidjah; et à quelques pas de lui, sa fille Alice, et sa vieille nourrice s'occupent de ranger des effets oubliés, dans des cartons et des caisses. Un peu plus loin c'est la famille Frémont composée du père de la mère, des deux fils

Albert et Louis, braves gens qui vont en Algérie pour y coloniser et tacher de se faire une position. Ils ont tant souffert à Paris !... Le père après une longue et cruelle maladie qui lui a enlevé toutes ses ressources, a pris ce parti désespéré et il espère en l'avenir désormais.

Enfin aux pieds du mât de misaine, se trouve la troupe joyeuse. Ce sont des artistes qui ont été engagés pour le théâtre d'Alger et qui en attendant leurs débuts rient à cœur joie, et sablent quelques bouteilles de vieux bordeaux qu'ils ont apportées avec eux. La mélancolie leur est inconnue et des chants sont sans cesse sur leurs lèvres.

Tout à coup un sifflet aigu résonne, les matelots prennent place au guindeau, la cheminée jette ses premiers panaches de fumée, l'ancre monte péniblement et les maillons de la chaîne s'enroulent peu à peu autour du guindeau. Bientôt les commandements se succèdent avec vitesse mais précision, les voiles sont déployées et la *Marie Elisabeth* faisant machine en avant s'élance hors du port.

Hélas ! qu'il y a loin de la coupe aux lèvres, et qu'un navire en mer est loin d'un navire au mouillage !...

Le beau ciel bleu du Midi était, ce jour-là, très laid à Marseille. Il s'en épanchait des torrents de pluie, et les passagers dont je faisais partie, en étaient à désirer le Mistral qui du moins aurait pris notre navire en poupe. Mais le vent soufflait du sud-est, et nous en eûmes la preuve en sortant de la Joliette. Le bâtiment roulait horriblement. Les passagers hors d'état de quitter le pont, en étaient réduits à se cramponner aux cordages et à six heures, le commandant Leblanc déclara qu'il était impossible d'avancer.

Il nous fallut donc passer la nuit à louvoyer. Le bâtiment prenait des inclinaisons telles que les chaises étaient lancées d'un bord à l'autre. Impossible de s'asseoir ou de se coucher sur les divans de la salle à manger, et notre seule ressource était de nous mettre au lit. Or, nul ne pourra jamais se figurer, s'il n'en a pas fait l'expérience personnelle, ce que c'est qu'une longue nuit d'hiver passée dans la cabine d'un paquebot par une mer houleuse. Qu'on se représente une armoire, et dans cette armoire une ou deux boîtes semblables à des cercueils sans couvercle ; dans ces boîtes un matelas bien mince, des draps qu'on ne borde guère qu'avec une simple couverture, en vue des pays chauds vers lesquels on se dirige. C'est là votre lit. Le mobilier se compose d'une toilette fort propre, disposée de manière à recevoir des carafes, des verres et autres ustensiles qui tintent constamment jour et nuit et roulent souvent par terre avec tout leur contenu.

Dormez donc au sein d'un pareil vacarme, dormez avec le cœur malade, l'estomac vide et les oreilles saignantes. La plus grande partie des passagers passa la nuit sur le pont, et eut le loisir de s'y livrer à cette sorte de gymnastique qui consiste à combiner ses mouvements avec ceux du bâtiment, de manière à ne pas être entraîné du côté où il penche. Pour moi qui n'en étais pas à ma première traversée, j'avais le pied marin et je dormis aussi bien que si j'avais été dans le meilleur lit du monde. Mais mes compagnons de voyage ne purent goûter un instant de repos, sauf M. Richardot qui me tint compagnie, et l'Anglais qui s'était accommodé de son mieux dans une cabine voisine de la mienne.

Ces misères furent bien vite oubliées, le lendemain matin quand nous vîmes se lever le soleil tout resplendissant de lumière et de chaleur. Déjà nous sentions l'influence de ses rayons. La mer ne tarda pas à se calmer, car le vent ne se faisait plus sentir. Il semble que l'agitation soit contraire au tempérament de Neptune. C'est un dieu paisible et de bon caractère tant qu'Éole ne suscite pas sa colère.

Le navire filait rapidement; les voiles étaient toutes hissées jusqu'aux bonnettes et au grand hunier qui offraient au vent favoble leur large surface ballonnée; les matelots jettent le loch. Un d'eux porte le sablier, d'autres tiennent la corde à nœuds enroulée autour d'un pivot mobile. Le timonnier s'apprête à lancer la planchette, et à son troisième appel le loch vole par-dessus le bord, et la corde se déroule avec une rapidité vertigineuse : Stop ! s'écrie alors l'homme au sablier. Tous les bras sont tendus, les nœuds sont comptés. Il y en a douze, et le commandant Leblanc murmure en se frottant les mains : Beau temps, belle brise, belle brise !..

Ces paroles et la cloche du déjeuner nous remplissent de joie. La salle à manger est encombrée. Quarante couverts rangés sur une table offrent un spectacle imposant, et, chose plus merveilleuse encore, toutes les places sont occupées sauf deux ou trois, presque tout le monde a payé son tribut au mal de mer. On ne voit que des visages joyeux, les dents sont aiguisées par le jeûne du jour précédent, car l'air de la mer est un tonique des plus puissants.

L'heure de la promenade est venue ; Les cigares sortent de leurs étuis, non sans hésitation, car l'estomac conserve encore quelques inquitudes, mais l'aspect de la mer et du ciel a bientôt rassuré les plus timides, et tous nous montons sur la dunette. Quel contraste avec la veille ! Le soleil dans toute sa force semble vouloir sonder les profondeurs de la mer ; ses rayons y pénètrent et donnent à l'humide élément l'aspect du bronze en fusion. La *Marie Elisabeth* fait bonne route, mais on la croirait immobile si ce n'était le ruban d'écume que soulève l'hélice dans ses évolutions et qui se perd à l'horizon. Nous arpentons la dunette sans nous lasser de contempler le magique coup d'œil qu'offrent la mer et le ciel bleu dont les couleurs se varient.

Sur le pont règne une activité ordonnée et joyeuse. L'équipage enroule les cordages, nettoie les cuivres, lave le pont, étend sur les embarcations et sur les parois du bâtiment une couche de peinture ou de goudron. Tout à coup la cloche sonne, appelant les matelots au quart. Ce tintement familier vous transporte par la pensée bien loin du navire. A travers la fumée des pipes ou des cigares, il vous semble voir le clocher et le toit de l'église, les maisons de la ville ou du village, les rivières qui les traversent, ainsi que son pont et le rideau de saules et de peupliers bordant les longues prairies qui alternent avec les champs de blé. Mais tout cela n'est qu'un rêve, et le songe passe comme un éclair, car on n'aperçoit que l'immensité de l'Océan et l'azur du ciel.

Nous laissons sur notre gauche l'île de Corse et celle de Sardaigne, nous traversons le golfe du Lion et nous apercevons dans la brume les côtes de l'Italie. Tant qu'avait duré notre navigation en pleine mer, la Méditerranée avait été calme et le temps très doux, mais vers quatre heures du soir, et lorsqu'à peine nous avions dépassé de quelques milles l'entrée du golfe, nous fûmes assaillis par un vent des plus violents ; les nuages s'amoncelèrent, la mer se couvrit d'écume, indice certain de la tempête qui allait sévir contre nous. Pendant deux jours et trois nuits la *Marie Élisabeth* soutint les assauts de la mer sans se laisser entraîner, quoique ses membrures fussent si violemment secouées que vingt fois on eût pu croire qu'elle allait se disjoindre. La troisième journée était déjà fort avancée quand notre Commandant reconnut que nous avions dérivé sur les côtes de la Corse, et que nous allions nous briser en droite ligne sur les écueils qui bordent cette île du côté de Corté et Calvi.

L'ouragan n'avait pas diminué d'intensité, le charbon commençait à nous manquer, la machine fatiguait, les lames embarquaient avec violence.

Le commandant résolut de relâcher au premier port qui se présenterait à notre vue, et il fit orienter la marche de façon à nous diriger sur Gibraltar ou Cadix, ou bien même sur une des îles Majorques qui pourrait offrir un abri momentané et assez bon aux navires en détresse, mais il était dit que nous ne pourrions pas y atteindre.

Vers midi, le lendemain, les lames avaient atteint leur plus énorme volume et les entre-lames creusaient des gouffres où il paraissait impossible de ne pas être englouti par la lame suivante. Pour comble de malheur, un paquet de mer en écrasant tout ce qui se trouvait à sa portée éteignit les feux. Une vague gigantesque, furieuse, s'abattit en grondant sur le paquebot, le submergea d'un bout à l'autre, inondant le faux-pont et la cale même, tout en dispersant et entraînant à la mer plusieurs matelots ou passagers, entre autres le père Frémont qui disparut avec sa femme et son plus jeune fils Louis, ainsi qu'un des artistes du théâtre d'Alger. Dans ce péril extrême, chacun était saisi d'effroi ; tous nous craignions de voir la *Marie Elisabeth* défoncée, par ce terrible choc, s'engloutir sous nos pieds: Il n'en était rien pourtant ; elle se releva fièrement en continuant sa route folle, échevelée ; puis d'autres chocs plus terribles encore, suivis d'effroyables craquements dans la carène, et répétés dans la mâture, nous annoncent que nous talonnons et que nous allons échouer sur des roches. Le commandant fit alors un signe, et, admirable de sang-froid, de courage et de froide intrépidité, il ordonne tout en fredonnant un air d'opéra, d'abattre le grand mât dont la chûte paraissait imminente. Vingt haches le sapent par le pied et il tombe avec fracas dans la mer, entraînant avec lui les agrès, les voiles, les cordages. Mais cet allègement soulagea le bâtiment, qui reprit sa course vagabonde au milieu de la lueur des éclairs, du fracas du tonnerre, et des assauts que nous livraient les lames furieuses.

Ah ! c'était bien triste, mais que ce spectacle était imposant et grandiose. Pour compléter notre désastre, une lame de travers, en s'abattant sur le pont, brisa notre gouvernail, emportant les deux matelots et le chef timonnier qui étaient à leur poste dangereux. Ce fut alors une cohue indescriptible. La terreur se changea en panique générale; chacun voulait fuir : quelques-uns se dirigèrent du côté des embarcations pour les prendre à l'assaut, mais le commandant était là le révolver au poing, et près de lui le lieutenant Nicolas. Que personne ne bouge, s'écria-t-il! pas un pas de plus, ou sans cela vous nous perdez tous sans vous sauver ; et à la voix de son vaillant chef, l'équipage reprend courage. Pendant que plusieurs hommes, sous la direction d'un officier, s'occupent à placer des palans de garde à la roue du gouvernail pour en faire une barre momentanée, le plus grand nombre est occupé aux pompes dans la cale pour étancher l'eau qui gagne de plus en plus et menace de nous faire sombrer.

Un nouveau choc brise notre hélice, et cette fois en dépit de son courage le commandant Leblanc, ne peut s'empêcher de pousser un juron. Sur son ordre et en quelques instants, caisses à biscuits, caisses à eau boîtes d'endaubages et de conserves, barriques de vin et de rhum, marchandises précieuses, malles et ballots, tout est précipité à la mer, dans l'espérance d'un salut prochain. Les pompes fonctionnent toujours et malgré le manque de mâture et de toile, malgré le mauvais état de notre pauvre *Marie Élisabeth*, nous filions avec une rapidité inouïe. Tout à coup la mer bouillonne dans la cale et s'élève avec rapidité ; tout annonce que nous allons couler sur place. Et en effet le manque de voilure et la perte de notre mât, nous mettaient dans l'impossibilité absolue de nous sauver, à moins d'un miracle. La frayeur se lisait sur tous nos visages, et, affreuse perspective, nos embarcations étaient loin de pouvoir tous nous contenir. Alors commença la débâcle. Les canots furent descendus à la mer. Il y en avait quatre, la chaloupe, le grand canot, le canot major et le youyou.

Chacun se plaça où il put et comme il le put. Je pris place dans le youyou avec le docteur Guichard, le commandant Richardot, et son Arabe Abdallah. Albert Frémont, le commandant et l'Anglais sir Watingtson, ainsi que M. de Keranval et sa fille Alice et deux matelots complétèrent le chargement. Nous éions onze, livrés à la merci des flots dans cette frêle embarcation. Bientôt nous perdîmes de vue la chaloupe que commandait le lieutenant Nicolas et le grand canot où se trouvait un des seconds officiers du bord et nous navigâmes de concert avec le canot major. Il était temps, car nous n'étions pas à un demi-mille de notre pauvre navire que nous le vîmes s'enfoncer peu à peu sous l'eau. Puis nous entendîmes un grand bruit semblable à celui d'un fort coup de tonnerre, nous aperçûmes bouillonner l'eau autour de nous et tout fut dit, la *Marie Élisabeth* avait cessé d'exister. Une larme furtive mouilla les joues du brave commandant Leblanc....... Mais il avait fait tout ce qu'il était humainement possible de faire pour sauver son navire et nous le consolâmes de notre mieux. La nuit vint et ajouta encore à l'horreur de notre situation.

CHAPITRE II

L'île de Chargui. — A terre. — Les dattiers. — Les chèvres sauvages — Projets. — Accueil qui nous est fait par les Berbères. — Nous prenons passage sur un bateau de pêche. — Arrivée à Tunis et visite au consul. — Quelques mots sur la ville. — Abdallah nous sert d'interprète. —

Vingt-quatre heures s'étaient écoulées depuis notre malheureux naufrage, et nous ignorions la latitude dans laquelle nous nous trouvions, car un coup de vent nous avait emporté à la fois et notre boussole, et notre compas, et le peu de vivres que nous avions dans notre petit canot. Tout cela était au fond d'une caisse qu'on avait jetée à la hâte dans l'embarcation et qu'une lame avait lancée bien loin de nous lorsque nous étions descendus dans ce frêle esquif. Le commandant, nous l'avons dit plus haut, était un marin consommé, et cherchait à s'orienter d'après les étoiles et le soleil, mais c'était à peu près impossible, tellement il y avait de nuages au ciel. Par intervalles seulement, on apercevait un coin de ciel bleu qui se dégageait des nuages. Cependant nous avions fait du chemin, car le vent continuait à souffler avec violence. La faim commençait à se faire sentir, terrible, impitoyable ; nous n'avions pris que très peu de chose depuis le commencement de l'ouragan, et le besoin déchirait nos entrailles. Pas même une goutte d'eau douce pour étancher la soif qui nous dévorait. Nous étions là, mornes, abattus, songeant avec anxiété au sort qui nous attendait. Pour moi, je repassais dans mon esprit, les histoires de naufrages célèbres que j'avais lues dans mon enfance : l'Amphitrite, la Salamandre, les bricks l'Aventure et le Silène, la Méduse, tout cela se heurtait pêle-mêle dans ma tête. Le commandant Leblanc, seul, n'avait perdu ni son sang-froid, ni sa gaîté, et se concertait avec le commandant Richardot en envisageant la situation telle qu'elle se présentait. De temps en temps, il regardait à l'horizon avec la lunette qu'il portait en sautoir, et nous donnait alors quelques paroles d'encouragement et d'espérance. Alice de Keranval était tombée dans un état de prostration qui nous désolait tous, et son père faisait peine à voir, lui qui adorait cette fille, son unique enfant.

La mer était pourtant moins houleuse, et le ciel commençait à s'éclaircir. Bientôt une voile se montra au large, mais nous eûmes beau faire des signaux, agiter mouchoirs et ceintures, la distance était trop grande et nous retombâmes sur nos bancs découragés et presque désespérés.

Tout à coup, M. Leblanc poussa une exclamation de joie. Sauvés ! s'écria-t-il, nous sommes sauvés !... Et comme chacun se levait pour lui demander une explication, il étendit son bras dans la direction de l'est et nous dit : voici la terre... En disant ces mots, il fit passer à chacun de nous sa longue vue, à l'aide de laquelle nous pûmes distinguer l'un après l'autre une ligne de brisants et un peu plus loin une petite chaîne de collines et de rochers sur lesquels on distinguait, en certaines places, des bouquets d'arbres verts. Nous mîmes le cap dans cette direction et aidés par une brise favorable, nous atteignîmes bientôt les brisants. Là, il nous fallut les plus grandes précautions pour ne pas nous briser sur ces écueils dont la tête se dressait menaçante hors des flots. Nous pûmes enfin franchir cet obstacle, mais non sans peine, et à deux milles de là à peine, nous allâmes atterrir sur le rivage.

Où étions-nous ? et qu'allions-nous devenir ? Le pays paraissait inhabité, mais nous étions sains et saufs et nous tombâmes à genoux, en adressant a Dieu une fervente prière pour le remercier de nous avoir rendus à la vie. Quelques heures auparavant, en effet, n'étions-nous pas condamnés à mourir, et n'avions-nous pas fait le sacrifice de notre existence ?

Les premiers instants passés, nous regardâmes autour de nous, en cherchant si nous trouverions de quoi apaiser notre faim et notre soif. Un des matelots, parti à la découverte avec le commandant Richardot et Abdallah, nous fit des signes joyeux. Nous courûmes de son côté et nous aperçûmes alors un bouquet de dattiers dont les fruits semblaient être placés là exprès pour nous. Abdallah, en véritable Kabyle, qu'il était, s'élança après le tronc d'un de ces arbres et bientôt nous jeta plusieurs grappes de fruits. Il dépouilla entièrement l'arbre et nous mangeâmes avec avidité cet aliment, le seul que nous eussions sous la main.

Le dattier est l'arbre du désert et la richesse des tribus nomades qui l'habitent. Il y en a deux espèces, les arbres mâles et les arbres femelles. Les premiers ont des fleurs munies d'étamines seulement et forment une grappe renfermée avant la maturité dans une enveloppe appelée spathe. Les autres, au contraire, portent des régimes de fruits, également enveloppés dans une spathe, mais qui ne sauraient se développer, si la poussière des étamines ne les a pas fécondés. Pour obtenir cette fécondité, vers le mois d'avril, les habitants du désert ou des côtes où abonde le dattier, montent sur tous les palmiers femelles et insinuent dans le spathe un brin chargé de fleurs mâles dont les étamines, fécondent les pousses ; alors les fruits se développent, deviennent charnus et forment des grappes appelées régimes, dont le poids varie entre 10 à 20 kilogrammes. Pour multiplier ces arbres si utiles, les Berbères, les

Arabes, Marocains et autres peuples du désert, ne plantent pas les noyaux des fruits, quoique le germe sorte avec facilité, mais ils préfèrent planter des rejetons qui deviennent productifs à partir de sept ou huit ans.

Le fruit du dattier est savoureux et nourrissant même, aussi calma-t-il les crampes d'estomac que nous ressentions tous. Mais Abdallah, nous réservait une autre surprise. Enfant du Djurjura, il était habitué à la vie nomade et nous montra ce que peut l'intelligence de l'homme. Chouya, chouya, nous dit-il, c'est-à-dire attendez. Il faut bien boire un peu. Et comme nous le regardions tout étonnés, car nous ne voyions dans les environs ni source, ni fontaine, il prit son couteau et se mit à enlever circulairement la couronne de feuilles de l'arbre, en ne ménageant que les inférieures. Il forma ainsi une espèce de cône où il enfonça un roseau creux qu'il avait ramassé à quelques mètres de là, et nous dit de lui jeter un chapeau à défaut de vase. Bientôt nous vîmes couler un liquide jaunâtre qui ne tarda pas à remplir le récipient. Il nous le passa dès que la source fut tarie et nous bûmes tous une bonne gorgée d'une liqueur excellente qui nous ranima, et ne contribua pas peu à ramener la gaîté parmi nous.

Cette opération, peut se renouveler jusqu'à trois fois sans occasionner la perte de l'arbre, car le bourgeon terminal se reproduit, et le palmier se rétablit petit à petit. Le dattier supporte un froid de 6 à 7 degrés au-dessous de zéro et une chaleur de 50 degrés. Il prospère dans le sable, arrosé par des eaux jaunâtres, mortelles à presque tous les autres végétaux, et reste vert quand tout se torréfie et se dessèche autour de lui. C'est du reste la richesse de l'Afrique avec le jujubier et le caroubier dont nous aurons l'occasion de parler plus loin.

Nous étions brisés par la fatigue et les émotions que nous avions éprouvées, aussi après avoir placé un des matelots en sentinelle, nous nous jetâmes sur le sable et malgré la fraîcheur de la nuit, nous ne tardâmes pas à dormir d'un profond sommeil.

L'on était en avril et les chaleurs commençaient, mais plus il fait chaud durant la journée et plus les nuits et surtout les matinées sont fraîches dans les régions africaines.

Aussi à Biskara où l'on voit jusqu'à 55 degrés de chaleur, le thermomètre descend souvent en hiver jusqu'à 3 ou 4 degrés au dessous de zéro, et plus d'une fois soldats et officiers ont eu leurs bidons d'eau couverts le matin d'une légère couche de glace.

Le lendemain matin de ce jour si remarquable dans notre vie, nous tînmes conseil pour savoir ce que nous pourrions faire et ce que nous deviendrions, car nous ne pensions pas rester sur la côte où nous aurions fini par périr d'inanition.

Le commandant Leblanc, nous proposa de nous diriger sur le nord-est, qui, selon lui, devait être dans la direction de Bône ou de Tunis, d'après ses calculs. Comme il n'y avait pas d'autre parti à prendre que de chercher à se rapprocher des pays habités, nous adhérâmes tous à sa proposition, et après un frugal repas composé de dattes et de liqueur de dattiers comme la veille, nous nous mîmes en route. Comme nous nous éloignions de la plage, nous aperçumes de nombreux troupeaux de chèvres sauvages qui s'enfuirent à notre approche ; le commandant Richardot avait pour toute arme un pistolet révolver à crosse d'ébène et à canons damasquinés d'assez gros calibre. Il fit feu sur une des plus rapprochées de nous et elle tomba blessée mortellement. Nous courûmes l'achever et bientôt ayant réuni quelques broussailles auxquelles nous mîmes le feu, nous la dépouillâmes et la fîmes rôtir. Ce repas nous ranima complètement.

Pendant que nous étions à manger, Abdallah, s'écria avec joie : Commandant, commandant, des Arabes !... Nous nous levâmes sur-le-champ, car connaissant de réputation les Kabyles, les Maures et les Arabes, nous n'avions guère confiance en leur hospitalité. Mais que faire ? nous étions sans armes, et onze seulement. Encore fallait-il ne pas compter Mlle de Keranval et son père âgé et souffrant. M. Richardot dit quelques mots en arabe à Abdallah, qui partit comme un trait dans la direction des arrivants. Bientôt nous le vîmes revenir avec eux, et il nous annonça que son rôle d'ambasseur avait été bien accueilli et que les Arabes allaient nous conduire à leur village.

Ceux-ci après les saluts d'usage, nous annoncèrent par l'intermédiaire de notre interprète que nous pouvions les suivre, qu'ils étaient bien peinés de notre position critique et feraient tout pour nous venir en aide. L'un d'eux ajouta même en mauvais français dont il savait quelques mots, qu'il nous offrait sa cabane pour y reposer en attendant mieux. Ils nous apprirent aussi que nous étions dans l'île de Chargui ou plutôt de Kerkenah appartenant à la régence de Tunis et située au N.-N.-Est de la Calle. M. Leblanc ne s'était donc pas trompé dans son estimation. Nous les suivîmes aussitôt, et Abdallah ne cessa de s'entretenir avec eux.

A mesure que nous avancions nous reconnaissions de plus en plus la présence de l'homme. Sans être d'une fertilité extraordinaire l'île de Kerkenah produit de l'orge, des raisins, des oliviers. On y voit même quelques chevaux, mais ils sont rares. Les habitants qui sont presque tous pêcheurs d'éponges, occupent leurs loisirs pendant les mauvais temps si fréquents sur cette côte à faire de nombreux travaux avec l'alpha tels que des nattes, des coussins, des chapeaux, et autres objets de sparteries. On y voit de grandes embarcations qu'ils construisent eux-mêmes. Cette île était jadis destinée à l'enterrement des femmes adultères et des filles prostituées, aussi la population féminine laisse-t-elle beaucoup à désirer. En face de Kerkenah se trouve l'île de Djerbah qui contient une population d'environ 40.000 Berbères; elle est fertile et bien cultivée. Sa population très industrieuse se trouve dispersée çà et là au milieu de riches vergers et concourt à la fabrication de l'huile d'olive, de soieries renommées, d'étoffes de laine, et d'autres tissus.

Les Arabes qui nous avaient accueillis se montrèrent fort hospitaliers malgré leur pauvreté. Nous dûmes partager leur modeste repas auquel ils avaient ajouté quelques poules et qui se composait de poissons grillés et de galette d'orge. Puis ils nous apportèrent des nattes sur lesquelles nous nous étendîmes, en songeant avec délices que nous allions bientôt nous trouver protégés par le drapeau de la France.

Le lendemain, nous fûmes conduits à Ibrahim Ali, gouverneur de l'île ; sa réception fut brusque mais cordiale. Il nous dit qu'il aimait les Français et qu'il avait donné des ordres pour que nous fussions au plus tôt conduits à Tunis. Il nous offrit même le café ; c'est-à-dire, qu'il nous donna la plus grande marque de faveur que puisse accorder un fonctionnaire turc ou arabe. Nous le remerciâmes de sa politesse, et comme M. Richardot avait remarqué qu'il regardait son revolver d'un air d'envie, il le lui offrit aussitôt ce qui, je crois, ne contribua pas peu à hâter notre départ.

Quelques heures après, nous prenions passage pour Tunis dans une grande chaloupe de cabotage, dont le patron Sidi-Mohammed avait reçu l'ordre de nous conduire auprès de notre consul.

La distance n'est que de quelques heures, et nous fîmes le trajet assez promptement, il nous fallut pourtant assister à une pêche d'éponges, spectacle qui nous étonna et nous amusa tout à la fois, car il est des plus curieux. L'éponge comme le polype est un de ces mystères de la Création que l'homme n'a pas encore bien pu définir, et pour se rendre compte de l'existence de cet animal si intéressant et qui est passé en Europe à l'état d'objet de toilette, il faudrait des volumes entiers, aussi n'ai-je pas ici la prétention de le faire. L'éponge se tient habituellement dans des bas fonds, des anfractuosités de roches et il y en a qui sont d'une grosseur énorme. Celles-là dont le poids est considérable causent beaucoup de mal aux pêcheurs.

Nous arrivâmes sur le soir à la Goulette, qui, on ne l'ignore pas, est le port de Tunis. Cette ville n'est pas sur le bord de la mer. Elle en est séparée par un grand lac, qui communique avec le golfe par un canal creusé de mains d'hommes, selon toute probabilité, et d'une largeur moyenne de 20 à 25 mètres. Ce canal est appelé par les Arabes *Foum-el-Oued (la bouche du canal)* ou plus ordinairement *Halk-el-Oued (le gosier du Canal)* mot que les Italiens ont changée en Goletta et les Français en Goulette.

A droite et à gauche de ce canal, s'allonge une double langue de terre, se rattachant du côté du nord aux collines de Carthage, et du côté sud au village de Rhadès. Ce canal se divise en deux parties bien distinctes, un bourg auquel il a donné son nom, et un autre sur la droite. Toutes les deux sont entourées d'un mur d'enceinte, mais sans fossés. La partie du nord renferme le bourg proprement dit, une forteresse et une batterie; la partie du sud, contient le palais du bey, les sérails, l'arsenal et le bagne.

Les navires marchands mouillent dans la rade, en dehors du canal et en face de la forteresse ou citadelle, à une distance plus ou moins grande, suivant leur importance; la rade a peu de fond en effet, ce qui oblige les vaisseaux de guerre à jeter l'ancre à environ 4 kilomètres de la Goulette, un peu au-dessous du cap Sidi-Bou-Saïd, l'ancien cap Carthage. Cette rade est du reste assez sûre, excepté lorsque les vents du sud-est ou du nord-ouest y soufflent avec violence, mais les embarquements et les débarquements y sont fort difficiles car ils se font avec de simples balancelles.

Deux routes conduisent de la Goulette à Tunis, l'une par terre, l'autre à travers le lac. La première est pleine d'attraits par les souvenirs que l'Antiquité nous en a laissés. C'est une chaussée sur une langue de terre sablonneuse qui passe entre la mer et le lac. Plusieurs écrivains y ont trouvé les traces de l'antique Tœnia ou Ligula chantée par Horace et les poëtes latins.

A droite on laisse Carthage et ses collines, on passe aux pieds d'un coteau couvert d'oliviers et que les Européens ont nommé le Belvédère, à cause du coup d'œil magnifique dont on jouit de son sommet, et l'on atteint enfin les faubourgs de la ville. La route par le lac est beaucoup plus courte, elle est à peine de 10 kilomètres, et en sortant du lac une avenue d'environ huit à neuf cents mètres vous conduit à l'une des portes de la ville.

D'ici à quelques années le canal sera praticable pour les gros vapeurs, car une compagnie française a commencé les travaux sous la direction de M. l'ingénieur Cléseau ; ce canal fera un détour vers Sidi-bel-Kassem, sa largeur sera de 25 mètres et sa profondeur de 8 mètres, et une fois qu'il sera terminé les moyens de communication seront directs.

La population de Tunis est de 125.000 habitants environ, Arabes, Juifs, Maures, Maltais et Européens. A part le quartier européen, les palais des consuls où résident tout le reste de la ville est d'un aspect peu séduisant. Les villes arabes se ressemblent toutes. Ce sont des rues étroites, des ruelles sales, gorgées d'immondices, inhabitables pour un Français pendant les grandes chaleurs. Les bazars à Tunis sont très nombreux. On y voit entassés et souvent pêle mêle les objets les plus disparates, des verres et des soieries, des draps brochés d'or et de la poudre de chasse, des figues, des dattes et du suif, des armes, des huiles et du tabac.

La foule presque uniquement composée d'hommes, car les femmes sortent rarement, est vivante et animée et d'une couleur vraiment locale. Parfois un cheik passe grave et impassible sur son cheval ; ici c'est un officier de l'armée du Bey, là de grands Arabes enveloppés dans leurs burnous, fendent les groupes et s'éloignent d'un pas grave et mesuré. Pour les soldats tunisiens, on dirait plutôt des mendiants réguliers que des militaires, ils sont mal habillés, plus mal nourris et plus mal armés encore à l'exception de la garde du Bey.

Le gouvernement réside au Bardo, vaste palais fortifié, situé à deux kilomètres Nord-Ouest de la ville, sur le bord d'un lac qui se dessèche pendant les chaleurs. On y arrive en sortant de Tunis par le faubourg Bab-es-Souika, et la route qui y conduit est sillonnée par des équipages appartenant aux consuls étrangers, des officiers à cheval, des cheiks tout brillants de dorure dans leur riche costume arabe.

Le Bardo n'est pas seulement un palais habité par le Bey, les ministres et les officiers, c'est encore une sorte de cité renfermant un bazar, les prisons, l'hôtel des monnaies, des rues, des cours, des galeries. En voici la description d'après M. des Godins de Souhesmes dans son livre sur Tunis.

« Un majestueux escalier dont les mar-
« ches se terminent par des lions en marbre
« de Florence, donne accès aux portiques
« revêtus d'azuléjos, de peintures et de déco-
« rations merveilleuses. »

A droite et à gauche règne une galerie conduisant aux ministères. En face s'ouvrent le vestibule et le patio.

Au milieu de cette vaste salle garnie de candélabres et de riches divans, existe une fontaine en albâtre, à double vasque, surmontée d'un toit incliné que supportent des colonnes de marbre reliées entre elles par cintres découpés comme une dentelle. Là se pressent des gens de toutes conditions, fonctionnaires portant le ruban rouge et vert du Nicham-Iftikar, magistrats en redingote noire et cravate blanche, officiers de l'armée régulière, chefs des troupes irrégulières, sujets tunisiens de toutes sortes, étrangers, touristes et Arabes plus ou moins vêtus.

A droite du patio se trouve la chambre de justice, dont la coupole est chargée d'arabesques dorées sur fond rouge. A gauche est la salle des gardes, tapissée de panoplies, de selles, d'étendards, et d'où l'on pénètre dans le salon réservé aux assemblées religieuses que préside le bey. La grande porte du fond mène au sérail. On traverse les galeries, les boudoirs, les salles à manger, les bains, les chambres à coucher, sans que l'œil se lasse d'admirer l'originalité des ameublements, la délicatesse de l'architecture mauresque, les colonnettes, les vitraux, les peintures, les mosaïques et mille choses éblouissantes de splendeur et de perfection.

La grande salle à manger tendue d'étoffes bizarres, à fond rouge et bleu rayé de jaune, est garnie de coussins et de divans en toile d'or. On y remarque un plafond et des vitrages d'un luxe inouï. Le salon d'apparat qui y est contigu est disposé à l'européenne. Les murs couverts de velours brodé d'or supportent de magnifiques portraits de grandeur naturelle; entre autre ceux de Louis Philippe Ier, en tapisserie des Gobelins ; de Napoléon III, d'après Winterhalter, de divers souverains d'Europe ; Le portrait des princes de Tunis et celui du Bey, ces premiers dus au pinceau d'un artiste français M. Meynier. Les tapis de Perse, la coupole bleue et à laquelle est suspendue une lampe d'or en forme de porte-voix, des consoles Louis XV, des porcelaines, des pendules rocailles, des fauteuils dorés, des ottomanes, des divans en velours, font de cette salle une merveille de luxe et de richesse.

Le salon du baise-mains, qui sert en même temps au Bey d'appartement privé et qui communique avec le harem, est orné d'un plafond du plus élégant travail. Des glaces entièrement encadrées de nacre, des bahuts précieux, en complètent la décoration. A côté se trouve la salle du conseil des ministres, assez petite, mais fort curieuse avec sa galerie de portraits des Sultans de Constantinople, peints par des artistes arabes, il y a plusieurs siècles. Puis viennent d'innombrables Koubas et cabinets de toutes sortes qui constituent le sérail. Partout ce sont les mêmes tissus rares, divans, tabourets et étoffes incrustés d'or, de nacre et d'ivoire, panoplies d'armes, trophées de pipes, étagères chargées de poteries. Au Bardo la plupart des salons sont ornés de gravures représentant les Victoires de Napoléon Ier.

Il y a à Tunis deux églises catholiques saint Louis de Carthage, que Mgr de Lavigerie a fait rebâtir depuis peu, et l'École des sœurs de St Joseph, simples et modestes édifices, qui là, comme partout ailleurs, annoncent la venue du Christianisme, et le dévouement de nos missionnaires.

A peine rendu à Tunis, Sidi Mohammed nous conduisit au Consulat français où nous fûmes accueillis avec tous les égards que méritait notre infortune. Le consul voyant que nous n'avions plus ni bagages, ni argent, se mit gracieusement à notre disposition. Les négociants de la ville, en apprenant notre désastre, se firent un véritable plaisir de nous venir en aide pécuniairement et nous offrirent une large et généreuse hospitalité. Chacun de nous fut logé et hébergé par un de nos compatriotes, en attendant qu'il se présentât une occasion pour nous rendre en Algérie, et nous profitâmes de notre séjour en ville pour étudier un peu les mœurs et les usages des habitants, visiter le pays et nous enquérir un peu de son histoire si peu connue en Europe et pourtant si intéressante. Abdallah qui m'avait pris en affection ne voulait plus me quitter, et accompagné par lui, je me mis à parcourir la ville, les campagnes environnantes et même les villes voisines, notant chaque jour mes réflexions, dont je vais reproduire quelques-unes aussi brièvement que possible.

CHAPITRE III.

Quelques mots de l'histoire de Tunis. — Mœurs, usages et coutumes. — Industrie des habitants. — Commerce. — Monuments. — Ruines de Carthage. — Les naufragés se séparent — L'aviso le *Forbin* et la caravane.

Si l'on voulait remonter à l'origine de Tunis, il faudrait aller chercher dans l'histoire romaine, car malgré soi, on est obligé de songer à Carthage, cette fameuse république qui mit Rome à deux doigts de sa perte, et il vous semble voir se lever à chaque instant les ombres glorieuses d'Annibal, d'Asdrubal, d'Amilcar et des Scipion.

Notre cadre est trop restreint, pour que nous allions chercher des souvenirs aussi éloignés, et qui du reste sont généralement connus ; aussi nous passerons cette époque sous silence, mais il est urgent de parler des conquêtes arabes, car elles donnent l'explication des difficultés que les beys de Tunis ont toujours eues à surmonter pour se faire obéir de leurs sujets. Et en effet, les tribus de la Régence n'ont jamais reconnu que pour la forme, les souverains du pays.

Fondée dans le milieu du troisième siècle avant l'ère chrétienne, Tunis, eut quelques instants d'éclat et de prospérité après la chute de Carthage, mais lorsque cette dernière ville se releva de ses ruines et fut reconstruite, Tunis rentra dans l'obscurité, et passa à l'état de ville de quatrième ou cinquième ordre.

En 420 Genséric chef des Vandales envahit l'Afrique et s'empara des possessions romaines où il fonda un vaste empire. La région tunisienne devint le siège de leur puissance. C'était bien là le campement qu'il fallait à ces barbares qui de là menaçaient, à la fois, Rome, la Sicile et même l'Espagne. C'est à dater de ce moment qu'il est utile de donner quelques notions historiques. L'empire des Vandales fondé en 439 d'une manière définitive, brilla d'un certain éclat pendant un demi-siècle puis alla peu à peu en déclinant, et fut définitivement détruit en 533 par l'illustre Bélisaire. Cette portion de l'Afrique revint alors à l'Empereur Justinien et resta comprise dans l'Empire d'Orient pendant plus de cent ans, gouvernée par des proconsuls et souvent en proie à l'anarchie la plus grande.

Quelque temps après l'apparition de Mahomet et de l'hégyre commencèrent les conquêtes des Arabes. L'Afrique tentait ces hordes nomades, et les succès d'Omar en Égypte, de ses lieutenants en Asie et en Espagne, décidèrent les enfants du désert à y tenter une descente. En 647 ils firent leur première apparition en Afrique et en 676. ils fondaient au sud du golfe d'Hammamet, le Califat de Kaïrouan surnommé depuis la Ville Sainte.

En 693 le calife de Kaïrouan s'empara de

Carthage, de Tunis et de toute la contrée qui l'environnait. La domination arabe y était désormais assurée, et pendant plus d'un siècle, les califes régnèrent en maîtres dans le pays mais non sans avoir à subir de nombreuses révoltes et des discussions inattendues.

L'an 800, pendant que Charlemagne refoulait les Sarrasins en Espagne, une nouvelle révolution éclata et donna naissance à la dynastie des Aglabites dont la principale gloire fut d'avoir conquis la Sicile en 852, ce qui étendit son pouvoir tout en l'affaiblissant. Après les Aglabites vinrent successivement les *Fatimites* et les *Zeyrites* ; les premiers régnèrent de 903 à 960 et furent renversés par leurs rivaux, qui gardèrent le pouvoir.

En 1100 l'empereur du Maroc s'empara de Tunis. C'était un chef puissant nommé Yousef d'un grand courage et d'une habileté extraordinaire. D'une vieillesse déja avancée, il avait conservé toute l'ardeur de la jeunesse, et à la tête des Almoravides, (nom de sa tribu) il s'empara de tout le littoral africain et fonda successivement Fez, Tanger, Ceuta Oran et même Alger.

Appelé en Espagne pour y secourir le calife Hischeem III et les musulmans, il remporta sur le roi Alphonse VI la célèbre victoire de Zalacca qui le rendit maître de tout le pays et fonda la dynastie des Almoravides. L'Espagne et l'Afrique appartinrent aux mêmes souverains. Mais l'empire ne resta pas longtemps aux Almoravides, ils furent à leur tour dépossédés de leurs conquêtes par Abdel-Moumen, chef des Almohades, qui après avoir détrôné Aly, fils de Yousef, occupa l'Afrique et l'Espagne, dont les destinées semblent se lier ensemble pendant tout le moyen âge.

En 1206 Abdel-Ouchaïd chef de la dynastie des Hassites érigea Tunis en royaume, et pendant un long règne, étendit au loin ses conquêtes.

Il s'empara successivement de Tlemcen, Segelhemere et Ceuta en 1236, et étendit sa puissance jusqu'au Maroc. Ses successeurs continuèrent son œuvre et ajoutèrent à leur royaume, Tripoli, Bône, Bougie, la Calle, Djigelly, Delhys et Cherchell, en 1250.

La dynastie des Mérinites venait de remplacer celle des Hassites en 1270 lorsque saint Louis vint tenter une croisade contre Tunis, qui fut la dernière de toutes. L'armée française était déjà débarquée, et les croisés espéraient planter la croix sur le littoral africain, lorsque la peste se mit dans leur camp. Le roi lui-même en fut atteint et expira après peu de jours de souffrances, événement qui, sans doute, empêcha la ruine du nouveau royaume Tunisien. Les Mérinites restèrent donc paisibles possesseurs de leur trône.

En 1390, une deuxième expédition française contre la Tunisie échoua complètement sous le règne de l'infortuné Charles VI, et en 1400 Abou Férez prenait le titre de roi de Tunis et de souverain de la Barbarie, titre sous lequel il conclut plusieurs traités, avec des princes européens, les rois d'Espagne et d'Angleterre.

Le royaume de Tunis resta stationnaire pendant un siècle et demi sans s'agrandir, ni diminuer. C'était avec Alger le siège de la puissance musulmane en Afrique, et surtout le repaire de ces fameux corsaires qui firent tant de mal aux chrétiens, et poussèrent l'audace jusqu'à venir infester les côtes de France, d'Espagne, de Portugal et d'Italie et y enlever les habitants en saccageant et incendiant les habitations.

Muley-Hassan régnait sur Tunis en 1534, lorsqu'il fut chassé de ses États, et détrôné par le fameux Khair-Eddin Barberousse, le terrible corsaire d'Alger, déjà maître suprême de cette dernière ville et amiral de l'empereur Turc Soliman. Khair-Eddin s'empara de Tunis et la posséda jusqu'à sa mort. En 1557, Muley Hassan qui avait promis d'abjurer l'islamisne et de se faire chrétien fut rétabli sur le trône par l'empereur Charles-Quint, mais bientôt après détrôné une seconde fois par son frère qui lui succéda. Le dey d'Alger s'empara de nouveau de Tunis en 1568 et fit occuper le royaume par des janissaires et des spahis Turcs. Les beys durent dès lors comme le dey d'Alger, reconnaître la suzeraineté de la Turquie.

De 1684 à 1770, révoltes sur révoltes. L'anarchie règne en souveraine. Ali et Mohammed fondent une dynastie indépendante en 1685, et concluent avec Louis XIV roi de

France le traité dit des Capitulations ; mais ils sont renversés et assassinés par des révoltés. Les Turcs occupent de nouveau la Tunisie, mais en sont chassés par Ahmed ben Chouques, qui aidé des Arabes de l'Intérieur, parvient à s'emparer de la ville de Tunis et se fait proclamer roi. Il est détrôné par Mourad ben Ali, assassiné à son tour en 1705 par Beahim el Chérif. Ce dernier règne jusqu'en 1735, où une révolte d'Ali Pacha lui enleva la couronne. Ali ne profita guère de son pouvoir de souverain, car il succomba bientôt sous les coups de la coalition du dey d'Alger et du bey de Constantine. Il fut mis à mort par les vainqueurs.

En 1770, sous le règne du bey Mahmoud, l'insolence des corsaires tunisiens excita la colère de Louis XV, et ce prince quoique enclin au plaisir, et ne s'occupant guère de gouverner, fit bombarder Bizerte, Monastir et Porto Farina... Le bey effrayé accepta toutes les conditions qui lui furent proposées. Son successeur Hamonda Pacha profita de la guerre que la Turquie avait à soutenir en Egypte contre la France pour s'affranchir de la domination de la Porte Ottomane, et en 1800, conclut un traité d'alliance avec le premier consul Bonaparte. Il fit plus encore ; en 1816 il abolit publiquement l'esclavage des chrétiens, et autorisa les Européens à commercer librement dans ses Etats. Dès lors, la civilisation fait de grands pas en Tunisie. En 1842 le bey Ahmed, fit une constitution qui ne put être mise en vigueur, mais il affranchit les esclaves, émancipa les Juifs et fit un voyage, à Paris, en 1846, pour prendre des mesures relatives à ses projets. Son successeur Sidi Mohammed publia la constitution, mais eut de nombreuses révoltes à réprimer, et de 1857 à 1873, l'insurrection fut presque en permanence dans ses Etats. Aujourd'hui encore, la France a été obligée de s'interposer, et d'occuper militairement la Régence en 1881, par suite de la situation qui lui était faite, et le drapeau français la couvre de son protectorat, ainsi que tous les européens résidant à Tunis.

Le bey de Tunis est un monarque absolu. Il reconnaît la souveraineté du sultan, mais à peu près comme ses peuplades reconnaissent la sienne, c'est-à-dire pour la forme seulement.

La Régence à une superficie approximative de 116,348 kilomètres carrés. Sa population est d'environ 2,200,000 habitants dont à peu près 45,000 Juifs, environ 25,000 catholiques 5 à 600 protestants, tout le reste musulmans. Les peuples qui la composent appartiennent à trois races bien distinctes : les Maures, les Arabes ou Kabyles et les Turcs. Ces derniers sont au nombre d'environs 690,000.

La ville de Tunis elle-même a 125,000 habitants, parmi lesquels on peut compter 12,000 européens. Son budget est de 6,832,300 fr. de recettes, et 6,296,850 fr. de dépenses; d'après des renseignements authentiques (1).

Son armée se compose : de l'armée régulière, qui comprend 7 régiments d'infanterie, 4 bataillons d'artillerie et quelques escadrons de cavalerie, présentant un effectif total de 20,000 hommes sur pied de guerre.

De l'armée irrégulière, comptant environ 10,000 hommes, dont 3,000 Karouglis (des-

---

(1) Voir l'*Exploration* par M. P. Tournafon du 21 avril 1881.

cendants des janissaires) 5000 zouaves à pied 2,000 spahis à cheval.

La marine ne comprend que deux navires, un aviso de 260 chevaux et 8 canons et un transport de 400 tonneaux.

Le commerce de Tunis est approximativement de 9,000,000 de fr. à l'importation et de 13,500,000 fr. à l'exportation. Les principaux articles pour l'exportation sont les céréales, l'alfa, la laine, les dattes, les bœufs, l'huile d'olive, les éponges, la cire et les peaux.

Les Berbères qui sont sédentaires et agriculteurs, vivent principalement dans la région montagneuse du Tell; les Arabes nomades ou pasteurs parcourent les plaines. Le climat de la Tunisie est très beau, et il y gèle très rarement. Les pluies commencent vers la fin d'octobre et continuent par intervalles jusqu'en mai ; elles y sont amenées par les vents du nord ; tandis qu'au contraire les vents du sud et de l'est, qui commencent en juin, amènent les beaux jours et la chaleur. En juillet et en août le thermomètre monte à l'ombre, au milieu du jour de 37° à 45° centigrades. Les mois les plus favorables pour visiter la contrée sont avril, mai et septembre.

L'Atlas divise la Régence en deux parties bien distinctes : c'est au nord le Tell, région montagneuse où courent les chaînes du Petit et du Grand Atlas, qui forment de nombreuses et de belles vallées ; pays de champs, de forêts, de terres fertiles, de villes et de populations agglomérées, parcouru par un fleuve important, le Medjerdah dont le cours est d'environ 300 kilomètres et qui se jette dans le golfe de Tunis. L'Oued Milianah autrement dit l'Oued-el-Kebir est moins considérable et a son embouchure dans la baie de Tunis.

On peut diviser la Tunisie en six parties : le *Mogod*, le *Friguia*, le *Sahel*, l'*Arad*, le *Blad-el-Djerid*, et les *Iles* (1).

Le *Mogod* s'étend du cap Roux au cap Zhib ; il est montagneux et boisé. C'est le pays du chêne-liége et des mines de fer et de Plomb.

Le *Friguia* est la contrée fertile, c'est l'an-

---

(1) Voir l'ouvrage de M. Bainier, directeur de l'Ecole Arago : *La Géographie appliquée au commerce et à l'industrie*. Chez E. Belin.

cien grenier de Rome ; on y récolte l'orge, le blé et le maïs à profusion. Ses plaines sont couvertes de figuiers de Barbarie ; ses jardins sont remplis de fruits, de légumes et de ruches à miel ; ses troupeaux de bœufs et de moutons approvisionnent largement le marché de *Souk-el-Etrin*, le principal du pays. C'est la plus riche région de la Régence.

Le *Sahel* s'étend du golfe d'Hammamet à celui de Gabès. Il est couvert de forêts d'oliviers qui font sa richesse.

L'*Arad* est le pays des oasis et des dattiers. Il est occupé par les tribus insoumises des Beni-Zid et des Ouergahma qui gardent les frontières de la Régence : chaque cavalier reçoit pour cela par an, cinquante francs, une goudourah (tunique), deux burnous et une paire de souliers jaunes.

Enfin le *Blad-el-Djerid* est le véritable pays des dattes et des jujubiers. Il est situé au S.-E. de Tunis.

Si nous étudions la Tunisie au point de vue de ses productions minérales, de sa flore et de sa faune, nous pouvons constater qu'on y rencontre un grand nombre de mines de plomb et de cuivre, très riches, mais mal exploitées. Le plâtre, la chaux, l'argile y sont très communs. Le soufre et le tripoli existent dans la région du Kef. Les céréales cultivées sont l'orge, le maïs, le millet. Le Sahel produit du lin, du chanvre, du coton, du tabac, du safran, du pavot pour l'opium, des mûriers, de la garance, de l'indigo, du henné, surtout près de Gabès. Parmi les légumes, citons : le navet, le chou, le chou-fleur, la carotte, le melon, la pastèque, le concombre, le potiron, l'aubergine, les lentilles, etc.

La culture des arbres fruitiers est très importante. En première ligne vient l'olivier, ensuite l'amandier, le pistachier, le figuier, le grenadier, le palmier, le pêcher; l'abricotier, le poirier, le noyer, le cognassier, l'oranger et le citronnier. On y trouve aussi de belles vignes et d'excellents raisins. L'alfa est un des principaux articles d'exportation de la Régence, avec les bois pour la construction navale, très riches en résine et en goudron.

Les animaux domestiques forment la richesse la plus sûre de la population agricole du pays ; les chevaux de race barbe y sont excellents, les chameaux très nombreux, les mulets communs ; les bœux y abondent, surtout dans la vallée de la Medjerdah, du côté de Bizerte, mais ils sont petits et maigres comme ceux de l'Algérie ; les moutons à grosse queue sont de qualité médiocre, mais donnent beaucoup de laine ; on les élève surtout pour cela. Le gibier consiste en lièvres, perdrix, cailles, bécasses, canards sauvages, alouettes, ortolans, pluviers blancs et dorés, faisans et poules d'eau.

Comme animaux sauvages, la Tunisie, renferme : le lion, le tigre, la panthère, le chacal, l'hyène, le sanglier, le lynx, le cerf, l'antilope et la gazelle ; comme oiseaux, l'autruche, le flamand, la grue, la cigogne, l'outarde, le cormoran, le pélican, l'aigle, l'épervier ; la vipère, le scorpion, le caméléon, la sangsue, se rencontrent à chaque pas ainsi que les sauterelles qui font beaucoup de mal aux récoltes.

Enfin la pêche est très considérable sur les côtes. La mer de Sfax est très poissonneuse ; les éponges et les polypes y abondent et la pêche des éponges, qui se fait surtout de décembre en mars, est exercée par des indigènes, des Grecs et des Italiens qui font cette pêche pour des maisons de commerce de France. Le revenu moyen en est de 250 à 300,000 fr. On y prend aussi beaucoup de thons et de sardines, et le corail n'y est pas rare, surtout dans le golfe de Tunis et aux caps Negro et Seriat.

Parlons maintenant de l'industrie et du commerce.

Les boutiques des Tunisiens qui font le commerce des parfums sont très achalandées, et on y vend surtout des essences de roses et de jasmins. Ce sont des espèces de cercles ou se rend la haute fashion de la ville.

Après ce commerce vient celui des selliers, qui sont plutôt considérés comme artistes que comme artisans. Les fabriques qui ont encore quelque importance sont celles des tissus de laine du Djerid; des tissus de soie de l'île de Djerbah, du linge de table et de coton de Sfax; des draps de Toubourbah et de la Gourfah. On fait à Tunis de belles broderies d'or et d'argent, des fez et des tapis. Capsa fabrique des burnous blancs et des couvertures renommées. Gabès, des cordes en alfa, qu'on expédie en France, en Italie et en Egypte. Kerkennah et Kaïrouan ont le monopole des babouches, des tapis et des bottes en cuir rouge et jaune, ainsi que des portes-monnaie vulgairement appelés *mahomets*. Il y a à Zaghouan de grandes teintureries en rouge pour les fez et les chéchias. Sousse et Monastir exportent à Marseille et à Livourne beaucoup de savon et de la poterie fine.

Le commerce extérieur de la Régence vaut de 40 à 60 millions de francs, suivant les années. Il était de 50.712.000 francs en 1872, de 48.000.000 en 1873 et de 39.865.000 en 1875. L'exportation en 1873 s'est élevée à près de 30.000.000 de francs dont plus de la moitié en blés pour l'Italie et la Sicile. L'huile d'olive entre pour beaucoup dans le commerce et s'exporte surtout à Marseille et Livourne. La marine marchande de la Régence a environ 300 navires dont le tonnage est de 10 à 150 tonneaux. Tous les produits originaires de la Tunisie entrent en franchise en Algérie.

L'administration du pays est sous la haute direction du Bey, confiée aux Kaïds ayant sous leurs ordres des Khalifats et des cheicks dont le nombre varie suivant leur importance. La Régence se partage en 24 districts dont les Kaïds sont gouverneurs, mais le désordre qui règne dans cette administration, a mis les finances du souverain dans la plus triste situation, malgré les impôts énormes qui pèsent sur la population et qui se paient en argent ou en denrées de toutes sortes, variant de 35 à 39 francs par tête d'homme. C'est ce qu'on appelle *la medjeba* ou capitation : *l'achour* ou impôt de la charrue, le *quanoun* ou droit prélevé sur les palmiers et les oliviers.

A part le *Bardo*, comme nous l'avons dit plus haut, les Consulats et les Mosquées, les deux églises catholiques, l'église grecque et les synagogues israélites, il n'y a à Tunis aucun monument remarquable. C'est une ville orientale, aux minarets élancés et aux toits en terrasse, dont l'aspect ne serait pas désagréable sans la malpropreté qui y règne. Depuis que la population européenne y augmente, le bien-être s'accroît également et déjà on aperçoit çà et là de belles constructions appartenant à nos résidents français et italiens, qui tranchent par leur élégance avec les vieux bâtiments de la cité arabe.

Après avoir visité la ville sous la conduite de mon hôte et accompagné d'Abdallah, qui ne me quittait pas, je résolus, voyant que j'en avais le temps, d'aller faire une visite aux ruines de Carthage situées à peu de distance de la ville.

Nous partîmes donc, un matin, de Tunis; M. Durand notre hôte avait voulu venir avec nous et nous ne tardâmes pas à fouler le sol illustré par tant de souvenirs glorieux. Carthage!... Ce nom seul ne résume-t-il pas l'instabilité et la vanité des choses de ce monde. De cette république si célèbre qui a rempli autrefois le monde de sa renommée, de ses galères, de ses marchands et de ses richesses, que reste-il aujourd'hui? Rien que des ruines et des décombres!... Et pourtant, çà et là, on trouve encore debout, et comme pour donner une image de son antique grandeur et de son néant actuel, des inscriptions romaines, des voûtes, des sculptures, des *colonnes d'archi-*

tecture. Parfois ces vestiges sont tellement grandioses, tellement inposants, que l'on est douloureusement ému et que la pensée se transporte à vingt siècles de distance, évoquant l'ombre des Régulus, des Scipion, des Annibal. Nous visitâmes les débris des bains de Didon, masse de pierre et de granit, et ce qui frappa surtout notre attention, ce furent les restes d'une colonne rostrale, sur laquelle on voit encore écrit : *Zama Victori Scipioni*: A Scipion vainqueur de Zama. On nous montra aussi, un antique amas de pierres que l'on nous dit avoir été la demeure d'Amilcar et d'Annibal, mais c'est un point fort contestable. Plus loin, les ruines d'une église gothique datant du 2ᵉ ou 3ᵉ siècle de l'Ère chrétienne. C'est tout ce qui reste de l'antique reine des mers, de cette splendide cité qui pendant cent ans disputa aux Romains l'empire du monde. Nous quittâmes Carthage presque avec tristesse, et nous revimmes en ville après avoir erré pendant quelques heures en proie à nos réflexions.

A peine étions-nous de retour que nous reçûmes l'invitation de nous présenter au consulat. Nous nous y rendîmes, Abdallah et moi. Nos compagnons d'infortune nous avaient déjà précédés. Le consul nous informa qu'il se présentait deux occasions de départ pour nous. La première était de s'embarquer sur l'aviso à vapeur le *Forbin*, arrivé de la veille, et se rendant directement à Alger. Le commandant avait offert de nous y transporter gratuitement.

D'un autre côté, une caravane partait le surlendemain pour Constantine, bien approvisionnée et c'était un moyen facile de voir le pays plus commodément. J'étais parti de Marseille exprès pour visiter l'Algérie ; et comme M. Richardot et Abdallah avaient choisi ce moyen de voyager pour être plus vite rendus à Constantine, je résolus de me joindre à eux. Nous fîmes donc provision de ce qui nous était indispensable comme vivres, munitions et effets, et nous fîmes nos adieux à nos compagnons d'infortune qui s'embarquèrent sur le *Forbin,* nous promettant bien de nous revoir un jour. Nous ne pûmes quitter sans quelque émotion le brave commandant Leblanc qui nous avait donné tant de preuves de dévouement, et à qui nous avions dû notre salut. Enfin l'aviso se met en route. Du haut de la jetée, nous agitons nos ceintures, nos mouchoirs en signe d'adieu. Bientôt la nuit vint, et nous perdîmes de vue le navire.

CHAPITRE IV

Départ de la Caravane. — Le Khef. — Le désert. — Les Kroumirs. — Le Simorin. — Souk-Harras.

Il faut avoir vu l'Afrique, avoir voyagé en Algérie, ou dans le Saharah, avoir fait partie d'une caravane, soit en Perse, soit en Arabie, soit dans le désert pour se rendre exactement compte de ce que c'est. On peut s'en faire une idée, il est vrai, par les récits qu'on a lus ou entendus, mais de là à la réalité quelle distance!...

L'Arabe, le Kabyle, le Koulougli, le Juif même se mettent en voyage tout simplement, sans affectation. Ils partent avec une caravane absolument comme nous Français nous monterions en wagon pour aller de Paris à Versailles. Le désert, voilà leur élément. N'ont-ils pas à le traverser à chaque instant, pour faire leur commerce, vendre leurs denrées, acheter des marchandises ; mais pour nous c'était une toute autre affaire. Et d'abord nous aurions à affronter les intempéries de la saison, la chaleur étouffante du jour, les fraîcheurs de la nuit, nous n'étions pas vêtus pour un trajet pareil, nous n'avions pas de monture et nous ne pouvions pas néanmoins nous en passer. Il nous fallait des armes, des vivres, de l'eau, car l'eau surtout est indispensable en route.

Le commandant Richardot en vieil africain se chargea de tout disposer pour notre départ; et en effet, il s'acquitta à merveille de ses fonctions d'intendant général, et rien ne manqua à notre accoutrement.

Nous revêtîmes le costume oriental, l'haïck en poil de chèvre, le burnous, la chéchia, la ceinture de soie, les larges pantalons à la turque, et les bottes de cuir jaune. Cet habillement nous sembla bien original au début, mais nous avions à traverser une partie du désert pour nous rendre au Kef, et nous devions parcourir le Souf ou désert de sable, compris entre l'Oued-Rir et la Tunisie.

Notre caravane était fort nombreuse. Il y avait bien une cinquantaine de marchands tunisiens et juifs qui, presque tous, avaient, soit un chameau, soit un cheval qui leur servait à la fois de monture lorsqu'ils étaient fatigués, et de portefaix pour transporter leurs objets de négoce.

Pendant les deux premières journées, (car on voyage très lentement à cause de la chaleur ardente du soleil pendant le jour) nous n'eûmes pas trop à souffrir ; à chaque pas, nous rencontrions des villages, des maisons, des champs de maïs, des bouquets d'oliviers, et souvent aussi des indigènes, qui se livraient aux travaux de la culture ; nous étions encore en pleine Régence.

Bientôt nous arrivâmes au Kef, la ville Sainte de la Tunisie, celle qui est après Kairouan l'objet de la vénération des musulmans d'Afrique.

Le Kef est situé sur un rocher, entouré d'un mur d'enceinte avec plusieurs bastions ; la Kasbah ou citadelle forme le point culminant.

Toutefois les murailles, qui, par suite de

leur hauteur, paraissent formidables aux indigènes, ne sauraient tenir longtemps devant une batterie européenne, car n'étant protégées par aucune masse couvrante, elles pourraient être battues de fort loin et la solidité en est plus que médiocre. Quant aux canons placés sur les remparts, ils sont peu nombreux et dans un état déplorable. D'ailleurs, malgré sa situation sur un rocher, et son élévation considérable, le Kef est dominé par la hauteur de *Ksar-el-Roula*, qui n'est pas fortifiée et sur laquelle une armée assaillante peut facilement s'établir. Du reste la population y est fort peu nombreuse, mais c'est la résidence des principaux chefs religieux de la contrée. C'est là que passe la ligne télégraphique qui va d'Alger à Tunis en traversant Souk-Harras, dont le Kef n'est guère qu'à vingt-cinq lieues. Le Kef est une ancienne cité romaine; son aspect est imposant, il y a un marché très animé qui est l'un des plus considérables de la Tunisie, et c'est non loin du Kef entre Sidi Jounef et l'Oued-Meleg que fut livrée la fameuse bataille de Zama où s'écroula la puissance carthaginoise et où Rome conquit définitivement le sceptre du monde.

La principale branche de commerce de la ville consiste dans les laines non manufacturées et dans des huiles et de l'Alfa. Plusieurs marchands de la caravane s'y arrêtèrent avec leurs bagages. Pour nous, après une nuit de repos au caravansérail nous nous remîmes en route. Nous nous rendions à Monastir, mais en passant par le Souf, district compris entre l'Oued-Rir et les frontières Tunisiennes.

L'aspect de ces contrées est désolé ! Une dune aride succède à une autre, et le sol formé de sable fin semble participer de la fluidité de l'eau. Toute végétation avait disparu. Le commandant Richardot, Abdallah et moi, nous étions montés sur nos dromadaires pour embrasser du haut de cet observatoire mobile une plus grande surface du désert. Ces animaux marchant d'un pas égal et mesuré balançaient leurs petites têtes au bout de leurs longs cous, coupant sans s'arrêter les longues feuilles des touffes de drin qui se trouvaient à leur portée. Dans les intervalles des dunes nous ne pouvions rien apercevoir, mais arrivés au sommet, le désert sans bornes et sans limites s'étendait devant nous. Le soleil suspendu au-dessus d'un horizon circulaire comme celui de la mer, semblait seul vivant ou milieu de cette nature inanimée. Tout à coup nous apercevons des cimes de palmiers dont nous ne pouvions pas distinguer les troncs ; nous croyions à une illusion, à un mirage ; nous avançons, les cimes se dessinent mieux, mais les troncs n'apparaissent pas. La caravane s'arrête près d'un puits à bascule et nous courons vers les palmiers. Ils étaient plantés au fond d'un trou conique de huit mètres de profondeur environ. Le sable avait été relevé de tous les côtés ; de faibles palissades en feuilles de palmier plantés sur la crête le retenaient sur certains points ; sur d'autres, des cristaux de sulfate de chaux, de toutes les formes et de toutes les grosseurs, alignés comme dans une galerie de minéralogie contribuaient à fixer le sable mobile. Au fond de ces trous les palmiers étaient plantés sans ordre, mais ce n'était plus le palmier grêle et élancé des oasis, c'étaient des arbres au tronc cylindrique, court, et gros, portant à quelques mètres du sol, des palmes de trois mètres de long et une couronne de régimes de dattes.

Les racines partant de la base du tronc et s'enfonçant dans le sable formaient comme un piédestal conique et les grandes palmes s'entrecroisant en ogives rappelaient les colonnes basses et massives d'un temple égyptien. Ces dattiers sont l'objet d'un soin tout particulier. Les habitants de ce désert vont partout sur le trajet des caravanes ramasser la fiente des chameaux et la mettent au pied de leurs arbres, ce qui donne une végétation vigoureuse et fait que le dattier se couvre de fruits énormes. Les dattes mûrissent dans ces cavités, à l'abri du vent et du soleil, sous l'influence d'une chaleur sans lumière, mais des plus efficaces, et elles restent charnues, onctueuses et couvertes de sucre. Mais aussi que de peine pour obtenir cette unique récolte!... Un seul coup de vent suffit pour combler le trou et ensevelir les palmiers dans le sable.

A côté des dattiers il y a des planches de légumes qui sont cultivées au pied de l'arbre. Un puits est creusé un peu au dessus du fond de la cavité, la profondeur n'excède pas 6 mètres, et l'eau est tirée de là, et versée dans une petite rigole où végètent des navets, des choux, des carottes, du millet, du piment, du tabac et des pastèques; on y voit même parfois des figuiers et des grenadiers.

Ces dattes et ces légumes sont l'unique nourriture des habitants du Souf; ces fruits remplacent même la monnaie; les ouvriers sont payés en dattes, car c'est là le seul objet d'exportation. De temps immémorial ces dattes sont expédiées à Tunis d'où elles partent pour l'Europe. Tunis est une ville essentiellement orientale, ville de fabrique et de commerce, ville de marchands et de Juifs vendant tous les objets imaginables, tous les chiffons, toutes les loques, toutes les vieilles ferrailles, tous les rebuts les plus infimes. Il existe à Tunis un bazar, un marché qui ferait pâlir notre Temple de Paris et dont la description défierait les plumes et les pinceaux les plus habiles. C'est là que les habitants du Souf trouvent ce qui leur convient, le superflu même, représenté par des porcelaines ou des meubles invendables en Europe et qui font le plus bel ornement de leurs maisons.

Nous rencontrâmes un grand nombre de ces indigènes. Les hommes sont affables, les enfants gais et rieurs. Ces populations aiment beaucoup la France qui les protège contre les incursions des maraudeurs tunisiens. Tous leurs vœux tendent à être reliés au plus tôt, à la France africaine. Le Berbère est dans les oasis ce que le Kabyle est sur les montagnes, sédentaire, cultivateur, ami de la paix, il a besoin de la protection française contre l'Arabe qui l'opprime depuis si longtemps.

Sur le soir du premier jour après notre départ du Kef, nous campâmes au milieu d'un oasis ; les tentes furent bien vite dressées et après avoir pris le café, fait avec de l'eau un peu saumâtre qui lui ôtait de sa saveur, nous nous étendîmes sur nos peaux de mouton et enveloppés dans nos burnous nous nous livrâmes au sommeil. Le lendemain matin avant le lever du jour, nous prîmes de nouveau le café, car c'est la nourriture la plus saine dans ces pays. Ensuite on détacha les chevaux et les mulets qui avaient passé la nuit au piquet.

On fit relever les chameaux accroupis sur le sable, et quand le disque du soleil commença à s'élever au-dessus de l'horizon, nous nous mîmes en route, comme lors de notre naufrage. Abdallah était notre interprète, et se tenait à nos côtés pour être à notre disposition, en cas de besoin.

L'air était frais entre 6 à 10 degrés au-dessus de zéro. Nous marchions au pas. Souvent l'un de nous descendait de sa monture ; une pierre, une plante, un insecte avait attiré son attention ; et puis il est si pénible de voyager à dos de chameau lorsqu'on n'y est pas habitué. Son mouvement de balancement continuel donne comme des nausées, ou si l'on aime mieux, occasionne un malaise analogue au mal de mer.

Souvent nous nous appelions pour nous montrer un objet curieux, les débris d'un œuf d'autruche, une couche géologique, une plante nouvelle ; chacun faisait ses remarques et l'on engageait une discussion scientifique. Vers 10 heures, nous faisions halte, car la chaleur était trop intense pour continuer à marcher ; c'était presque toujours dans un endroit remarquable, sur un monticule, près d'un puits artésien ou dans une localité intéressante pour les géologues et les botanistes. Les Arabes enlevaient la bride de leurs chevaux, qui broutaient philosophiquement l'herbe qu'ils avaient à leurs pieds. Je ne parlerai pas de ces chevaux sans rendre hommage à leurs qualités. Qui n'a pas vu le cheval arabe dans le désert, ne peut se faire une idée de la résistance de la fatigue, de la sobriété, de la douceur et de l'intelligence de ces animaux. Passer la nuit en plein air avec le froid et la pluie après avoir mangé un peu d'orge, brouté les plantes vertes ou sèches qui se trouvent aux environs, boire de l'eau saumâtre ou s'en passer, quand il n'y a pas, marcher toute la journée dans le sable sans que jamais ses jarrêts d'acier trahissent la moindre fatigue, telles sont les qualités de ces chevaux. Mieux encore : le soir, après une longue journée, que les Arabes fassent claquer leur langue et les excitent par leurs cris, ils s'élancent pleins d'ardeur cherchant à se dépasser mutuellement. Ces chevaux si ardents sont néanmoins très dociles, ils réunissent toutes les qualités qu'on peut exiger de ce noble animal, bien supérieurs en cela aux chevaux de course, dont la vie se passe dans un dol-ce farniente, après leur victoire ou leur défaite.

Mais revenons à notre halte du matin.

Un Arabe que nous avions engagé, M. Richardot et moi, Muhamed ben Kaddour, tirait de son bissac quelques provisions, presque toujours du mouton rôti, de la galette et des dattes. Le repas ne durait pas longtemps, chacun prenait ses notes de voyage et nous repartions. Dans la saison où nous étions, le désert est très animé ; plusieurs fois par jours nous apercevions à l'horizon les chameaux d'une autre caravane grands comme des moutons. La caravane approchait, les chameaux grandissaient, ils étaient suivis d'Arabes marchant jambes et pieds nus, couverts de leurs burnous attachés avec une corde roulée autour de la tête et portant de longs fusils et de vieux sabres. Des femmes avec de petits enfants à la mamelle, des groupes de petits garçons et de petites filles presque nus étaient toujours juchés au-dessus de la charge du dromadaire. Dans les caravanes composées d'une famille riche ou appartenant à un chef, les femmes et les enfants étaient cachés dans d'énormes palanquins formés d'étoffes aux vives couleurs, garnis de tapis et de coussins, qu'Horace Vernet a popularisé dans son tableau de la Smalah.

Nous n'avons point rencontré de tribu entière en voyage ; mais c'est un tableau pittoresque que M. Fromentin, dans son ouvrage, *Un été au Sahara* a dépeint de main de maître.

La plupart des chameaux sont chargés de marchandises, de blé, de farine, de dattes, de tabac, d'étoffes et d'outres pleines d'eau. Plusieurs fois nous avons vu des chamelles, qui avaient mis bas pendant le voyage, porter sur leur dos le petit dromadaire nouvellement né. Les chameaux marchent dans le désert de front et sans ordre. Continuellement, ils balancent leurs longs cous et broutent les herbes qui sont à leurs portée ; aussi sauf, dans le sable, le trajet des caravanes est-il marqué par des sentiers parallèles, souvent au nombre de huit à dix. Les dromadaires suivent ces sentiers où en créent d'autres si les plantes sont rongées complètement. Quand nous croisions des caravanes, nos Arabes échangeaient quelques paroles avec les voyageurs ; puis les deux caravanes s'éloignaient comme deux trains de chemin de fer qui se séparent après avoir séjourné quelques minutes à la même station.

Il n'est pas rare de rencontrer un Arabe, monté sur son chameau et s'enfonçant seul dans le désert avec son sac de dattes et de couscoussou ; il s'arrêtera le soir auprès d'un puits qu'il connaît, s'enveloppera de son burnous et dormira à côté de son dromadaire accroupi. Demandez-lui où il va, il vous répondra : mais le motif qui lui fait entreprendre son voyage est des plus futiles pour la plupart du temps : savoir des nouvelles, assister à un marché où il n'a rien à vendre ni à acheter, visiter un marabout, voilà sa réponse. Il voyage pour voyager, il est nomade : errer est son état normal, et dans le Tell surtout où l'on en voit tant sur les chemins et si peu dans les champs, on serait tenté de dire qu'ils obéissent à un besoin de se déplacer, mais ne vont en réalité nulle part.

Presque toutes les caravanes que nous rencontrions se dirigeaient vers Tunis. Nous les apercevions le plus souvent près des puits, creusés de loin en loin entre les dunes, puits, peu profonds et munis presque toujours d'un arbre à bascule et d'une auge. Dans le désert nous avions sous les yeux les scènes de la Bible. Les chameaux entouraient l'auge qu'un jeune Arabe remplissait avec une outre en peau de chèvre attachée à la corde qui plongeait dans le puits. Les animaux buvaient lentement et quand ils avaient fini, ils relevaient la tête, mais si le conducteur jugeait qu'ils n'avaient pas assez bu pour le trajet qu'ils avaient à parcourir, il tirait sur la corde attachée à leur tête qu'il abaissait vers l'auge : l'animal comprenait que le voyage jusqu'au puits le plus rapproché serait long et se remettait à boire. Souvent un vieillard à barbe blanche était majestueusement assis à l'écart, tournant son chapelet entre ses doigts, c'était le père, le chef de cette famille, un nouvel Abraham. Une jeune fille à demi-voilée dont les yeux noirs brillaient entre les plis du haik présentait une amphore appuyée sur sa hanche ; le jeune Arabe la remplissait avec l'outre, que la bascule faisait sortir du puits et représentait ainsi l'image de Jacob et de Rachel. Des enfants presque nus jouaient sur le sable ; les moutons et les chèvres contenus par leurs bergers attendaient leur tour pour s'approcher de l'auge et s'abreuver. N'est-ce pas là un vrai tableau de la vie patriarcale ?.....

Le soir au coucher du soleil nous nous apprêtions à bivouaquer. On choisissait de préférence le voisinage d'un puits ou d'une localité riche en arbres ligneux à longues racines. Un feu était allumé, et ces broussailles desséchées flambaient en un instant. Les Arabes creusaient dans le sable un fourneau improvisé et commençaient la cuisine. Les chevaux étaient entravés à une seule corde fixée par des piquets, et les chameaux s'accroupissaient en grommelant. On les débarrassait de leur fardeaux et l'on dressait les tentes. Abdallah et Muhammed dressaient la nôtre où l'on plaçait aussitôt nos cantines qui contenaient nos provisions et nos effets. Puis on y fixait des fonds de sangle portant un matelas qui nous servait de lit. Sous l'une des tentes on mettait la table; des pliants étaient disposés autour, et nous y prenions place comme nous l'eussions fait à Paris ou à Londres. Le premier appétit satisfait, venait la causerie: nous parlions des événements écoulés depuis notre départ de France, de l'Algérie, de Tunis, etc... Le commandant Richardot était d'une humeur très gaie et rempli de savoir, surtout il connaissait à fond l'Algérie et le désert et je goûtais un véritable plaisir dans sa conversation. L'heure du sommeil arrivait ainsi rapidement et nous nous couchions, sûrs de dormir profondément après une journée aussi bien remplie.

Il y avait déjà trois jours que nous étions en route. Déjà nous avions dans le désert comme un avant-coureur des mauvais temps qui régnaient sur la mer et les côtes d'Afrique. Un vent de sud-ouest soufflait par rafales, nous lançant par moments des bouffées de sable chaud et son haleine brûlante embra--

saît nos poitrines et les desséchait. Cependant à l'est et au nord le temps était clair et rien ne nous faisait présager un mauvais temps. Au lever de la lune, nous aperçûmes son croissant d'une couleur rougeâtre et comme injecté de sang, et les vieux Arabes de la caravane regardaient d'un air inquiet l'horizon. Les chevaux hennissaient avec effroi et semblaient aspirer plus que d'habitude l'air qui pénétrait dans leurs naseaux. Les chameaux accroupis sur le sable faisaient entendre des grognements plaintifs et quelques-uns même des plus vieux cherchaient malgré leur docilité habituelle à briser leurs entraves. Des rafales de vent balayaient et entraînaient le sable et une couche de poussière mobile courait dans la vallée, remontant les pentes des dunes, pour en couronner les côtes et retomber en nappe de l'autre côté.

Muhammed se joignant à ses compatriotes se mit à prier et tous les musulmans récièrent quelques versets du Koran. Le commandant passa sa tête à travers l'ouverture dela tente, mais il rentra presque aussitôt et je pus lire sur sa physionomie l'*approche* d'un danger *imminent*. Qu'y a-t-il donc, lui demandai-je? Je ne suis point dévot, me dit-il et j'ai peut-être bien, dans la rude vie des camps, oublié mes prières, mais je crois que nous pouvons comme ces Arabes nous recommander à la miséricorde divine, car je reconnais tous les symptômes d'un violent ouragan prêt à éclater. Plaise au ciel que nous en sortions sains et saufs, et avec un geste sublime, il tomba à genoux et je l'imitai. Tous deux les yeux levés vers la voûte éthérée du firmament nous implorâmes le secours du Très-Haut. Il ne fut plus question de sommeil cette nuit là, tant nous appréhendions pour notre sécurité.

Au lever de l'aurore, l'ouragan éclata dans toute son intensité, et j'essaierais en vain de chercher à peindre ce tableau. L'air se remplit tout à coup d'une poussière dont la finesse était telle qu'elle se tamisait à travers nos burnous, pénétrait dans nos yeux, nos oreilles, et nous empêchait même de respirer. Une chaleur brûlante pareille à celle qui sortirait de la gueule d'un four, embrasait l'air et brisait nos forces et celles de nos animaux. Assis sur le sable, le dos tourné du côté du vent, les Arabes enveloppés dans leurs manteaux, attendaient avec une résignation fataliste la fin de la tourmente ; les chameaux accroupis, épuisés et haletants étendaient leurs longs cous sur le sol brûlant. Le disque du soleil, vu à travers ce nuage poudreux, et privé de ses rayons était pâle et blafard comme celui de la lune.

Le vent continuant de souffler, entraînait avec lui des tourbillons de sable, et faisait disparaître toute trace de végétation ; le désert semblait nu et dépouillé, et rien ne saurait être plus morne plus navrant que cet aspect. Ces dunes jaunâtres ressemblaient aux plis d'un vaste linceul étendu à la surface de la terre, et dans ces instants on frémit à l'idée de s'avancer dans ces solitudes de sable mouvant qui s'éboule sous les pieds des hommes et des chevaux, mais où le chameau ne laisse qu'une légère empreinte.

La tourmente dura quatorze heures, et heureusement pour nous que le vent avait tourné du sud-ouest au nord-est; sans cela nous étions perdus sans ressources, car le vent du désert, le terrible simoün, que l'on appelle quelquefois aussi sirocco ensevelit souvent des caravanes entières, c'est ainsi que dans l'antiquité périt l'armée de Cambyse ; et les nombreux squelettes de chameaux et d'hommes que nous rencontrions témoignaient que ces accidents se renouvellent encore assez souvent.

La nuit fut plus calme et nous pûmes goûter un peu de repos, pour nous remettre des fatigues de cette terrible journée, qui a laissé dans mon cœur des souvenirs ineffaçables. Le lendemain matin nous nous remîmes en route et nous ne tardâmes pas à apercevoir les dernières tribus de la Régence, établies aux approches de la frontière algérienne.

Ces tribus qu'on nomme les Kroumirs sont sinon les plus nombreuses, du moins les plus guerrières et les plus pillardes. Les montagnes inexplorées qu'elles habitent servent leurs habitudes de brigandage, car elles y ont jusqu'à présent trouvé un refuge assuré.

Les Kroumirs sont à demi nomades, ce

qui rend la guerre contre eux beaucoup plus difficile que contre les Kabyles, qui, agriculteurs par naissance et par goût, sont attachés au sol qu'ils labourent et arrosent de leurs sueurs. Ils paraissent cependant descendre de ces Kabyles du Djurjura, qui dans leurs montagnes ont toujours su rester à peu près indépendants de toute autorité, car ils en ont du moins la fierté et la sauvagerie. Comme leur pays est pauvre, ou du moins qu'ils manquent de moyens nécessaires pour exploiter les richesses naturelles du sol qui renferme du plomb et de l'argent, ils ont de tout temps vécu du produit de leurs razzias.

Tantôt ce sont des tribus algériennes qui sont leurs victimes ; tantôt ce sont les tribus tunisiennes elles-mêmes avec lesquelles ils sont perpétuellement en guerre. A la différence des Kabyles, ils ne construisent pas. Ils vivent sous la tente, qui est encore plus élémentaire que celle de l'Arabe du désert. Leur costume est plus simple encore, il se compose d'une seule pièce d'étoffe blanche qu'ils arrangent de manière à ce qu'elle leur serve à la fois de culotte, de veste et de coiffure. L'habillement des femmes est semblable ; seulement, comme il faut un peu de coquetterie, les femmes kroumires se parent avec des anneaux d'argent et des verroteries, se tatouent le visage et le haut du corps et se teignent en jaune les mains, les ongles, les sourcils et les cheveux : ce qui leur donne un aspect bien peu attrayant pour nous autres Européens. Elles vont le visage découvert.

Les Kroumirs sont très pauvres et ne pratiquent pas la polygamie. Loin d'obéir au bey de Tunis, ils en tirent un tribut sous forme de présent annuel, moyennant lequel ils garantissent la sécurité des routes de la Régence qui servent de frontière à l'Algérie. Leur seul maître, mais maître absolu est leur scheick, qui a la direction de toutes les expéditions et sa part obligée de tout butin.

Il est très difficile de pénétrer chez les Kroumirs, et il fallait que nous eussions du trafic à faire chez ces peuplades pour nous y hasarder. Cependant nous réussîmes à entrer dans leurs douars où nous fûmes même assez bien accueillis, car ils nous prenaient pour des marchands de Tunis.

Le sol montagneux de ces tribus est très riche en carbonate de fer argileux, en argile, en sulfate d'argent, en cuivre, en plomb argentifère, surtout sur le mont Outcheta et dans les régions occupées par les Mekevas et les Chehidas. Plusieurs mines ont été exploitées et il est même fort probable que si l'on cherchait bien, l'on trouverait le riche filon de la mine argentifère de *Djebbah*. Les Kroumirs, on ne sait par quels moyens, ont encore une apparence d'exploitation, puisqu'ils vont souvent vendre du minerai à la Calle et à Tunis. Mais quelque grandes que soient les richesses de son sol, elles ne sont pas aussi visibles ni tangibles que les richesses superficielles. C'est là, dans ces contrées, que l'on trouve les plus belles forêts de chênes blancs, de chênes verts, de chênes-lièges, de frênes et d'ormes ; mais les plus beaux arbres y dépérissent, parce que les indigènes en arrachent le tannin sans nulle précaution et avant l'âge voulu. Les Arabes ne se donnent même pas la peine d'abattre ces arbres morts ; ils y mettent le feu pour en faire du charbon ou pour pouvoir pénétrer plus avant dans leurs forêts : et il serait facile de voir ce que seraient ces richesses si elles étaient ménagées, puisque durant la seule année de 1872, le petit port de la Calle a exporté, provenant du pays des Kroumirs la dépouille de 80.000 pieds d'arbres représentant une surface détruite d'environ 1000 hectares de orêts, sans compter le sel gemme et les pierres à bâtir.

Les Kroumirs se disent descendants du grand Marabout *Sidi-Abdallah-ben-Djemmel* et se divisent en deux fractions distinctes : les *Sloul* et les *Tedmakas*. Les premiers sont les plus riches et les plus commerçants, par conséquent peu à craindre. Les *Tedmakas*, au contraire, ne vivent que de vols et de brigandages et ont une grande vénération pour le bey de Tunis, mais détestent cordialement les Français et les Juifs. Leur force réside moins dans leur nombre et leur courage que dans les pays qu'ils habitent. Retirés en été dans des montagnes boisées, ils sont retranchés l'hiver, dans des rochers au-dessus de ravins très profonds que la saison en quelques heures de pluie a bien vite chargés de torrents.

Une partie de la caravane s'était arrêtée dans les tribus des *Sloul* pour y négocier, mais plusieurs de nos Arabes étaient comme nous pressés d'arriver à Constantine; nous nous remîmes donc en route après une journée de séjour chez les Kroumirs, qui exercèrent largement l'hospitalité à notre égard, car grâce à Abdallah et au commandant Richardot qui parlaient fort bien la langue du pays, ils ne s'aperçurent pas que nous étions chrétiens, sans quoi, il aurait pu nous arriver quelque désagréable aventure.

Nous n'avions qu'une journée de marche pour atteindre les établissements français, car Souk-Harras n'est guère qu'à 32 kilomètres de la frontière tunisienne; aussi le soir même après avoir traversé les tribus des Hammama et visité leurs sources d'eau chaude, nous arrivâmes à Souk-Harras.

Cette ville n'est autre que l'ancienne Thagaste, patrie de Saint Augustin et est située sur la rive gauche de la Medjerdah où l'on a jeté un pont à la jonction des quatre routes de Tunis à Constantine et de Bône à Tebessa. On y remarque le Fondouk, petite citadelle où en 1852 vingt soldats français arrêtèrent à eux seuls l'insurrection du pays. C'est un chef-lieu de cercle, dont la population ne s'élève guère qu'à 12 ou 1300 personnes, en partie européens, juifs et tunisiens, mais il y a un marché très célèbre qui y attire une grande population flottante. Les rues principales rappellent par leurs noms, les héros de l'antiquité qui s'y sont signalés, Massinissa Jugurtha, Scipion, Annibal, et Zama, l'antique Zama qui décida de la ruine de Carthage est à ses portes. La garnison y comprend près de 800 hommes.

Nous ne nous arrêtâmes pas longtemps à Souk-Harras car nous avions hâte d'arriver à Constantine. Là nous savions que nous trouverions ce qui nous était nécessaire, et, M. Richardot voulait rejoindre son escadron au plus vite. Nous partîmes donc le lendemain de notre arrivée et après trois jours de fatigue nous arrivâmes au but tant désiré de notre voyage.

CHAPITRE V.

Constantine et ses environs. — Notions historiques. — Description.

Constantine offre la figure d'un trapèze incliné vers le sud, qui présente ses angles aux quatre points cardinaux et dont la plus grande diagonale est dirigée du sud au nord. Elle est bâtie sur un rocher dont le point le plus élevé est à 644 mètres au-dessus du niveau de la mer et qui s'isole presque entièrement de la campagne environnante. Sorte de presqu'île, ce rocher est accosté au Sud-ouest par la prolongation de la colline de Coudiat-Ati. C'est par ce point, le seul accessible, que l'armée française a pris la ville d'assaut, le 13 octobre 1837. Le Rummel qui reçoit le Bou Merzoug au sud, se jette, comme dans un précipice à l'angle sud de Constantine et se perd au nord-est sous un pont dans un gouffre formé par la nature. Après avoir coulé sous terre l'espace d'environ cent pas, on l'aperçoit par une ouverture d'à peu près dix pas de largeur, à l'endroit où le ravin s'évase; puis il se cache encore pendant trente pas et reparaît alors entièrement avec un développement plus large au nord de la ville qui le domine de toute sa hauteur. Là il se précipite d'une hauteur de 10 à 12 mètres, en formant plusieurs cascades et se répand enfin dans la campagne, en fuyant loin de la formidable cité.

Les maisons couvertes de tuiles ont une couleur sombre et au premier coup d'œil semblent toutes soudées ensemble. Quelques minarets et çà et là des cyprès s'élèvent au milieu de cette masse dont le tableau est étrange. Ce paysage aride, aussi curieux qu'il est extraordinaire, se détache d'une belle verdure que l'on aperçoit au loin, mais seulement pendant sept mois de l'année. Les monts Mansourah et Sidi-Mécid dominent et approchent la ville sans la toucher, car ils sont séparés du rocher qui la supporte par une cassure étroite et profonde de 90 mètres de largeur qui a plus de 500 pieds de profondeur en certains endroits.

Le Rummel sert de fossé naturel à la ville. Beaucoup de maisons s'élèvent sur les bords mêmes du ravin et pendent sans danger au-dessus du gouffre. Les remparts ne sont qu'un mur antique haut de 30 pieds sur une largeur de 5 et une étendue de 5 à 600 mètres. Trois portes existent encore : la porte Valée près du lieu de la brèche ; la porte Bab-el-Djabia près de laquelle le Rummel tombe en cascade, et d'où l'on jetait autrefois les femmes adultères après leur avoir attaché des pierres aux pieds, sous les Romains, les Vandales et les Turcs ; la porte El-Kantara qui fait communiquer le mont Mansourah avec la ville au moyen d'un pont établi en 1857, après l'écroulement du pont avec arcades qui datait du règne d'Antonin le Pieux. Ce monument dont on aperçoit encore les restes, avait une hauteur de 65 mètres et reposait sur une arcade naturelle dont la voûte était de 16 mètres d'épaisseur.

Une rampe taillée dans le roc, descend de de la ville au fond du ravin où coule le Rummel, et à l'angle nord se trouve le Kasbah ou citadelle dont la position a fait dire aux Arabes que Constantine avait l'air d'un burnous étendu dont le Kasbah serait le capuchon.

Les rues de Constantine sont étroites et courtes en général, et aboutissent pour la plupart à des impasses. La ville se divise en deux quartiers : le quartier européen et le quartier indigène.

Dans le premier, on ne voit plus de maisons arabes ; les rues principales sont : la rue Combes qui coupe la ville en deux parties, depuis la porte Valée jusqu'au ravin ; dans son parcours elle change de nom, et s'appelle tour à tour rue des Mozabites, rue des Selliers, rue des Juifs, rue des Fruitiers, rue d'Israël ; rue Damrémont depuis la préfecture jusqu'à la Kasbah ; la rue Perrégaux, la rue Caraman, la rue Vieux, la rue Sérigny et la rue des Moyens. Parmi les places, citons : celles du Palais, de Nemours, d'El-Kantara et Négrier ou du Caravansérail. Cette dernière est la plus belle ; elle est plantée d'arbres, ornée d'une belle fontaine et entourée d'un banc continu à dossier en fer.

Les plus beaux monuments de la ville sont

les mosquées arabes. La plus considérable est celle de Djemma-el-Kébir dont la fondation est attribuée aux rois Hassites qui étaient de race berbère. Dans l'intérieur est le tribunal du Cadi-maléki. Le minaret de cette mosquée est une énorme tour carrée, presqu'entièrement construite avec des matériaux romains, colonnettes, cippes, stèles, autels, pierres épigraphiques dont l'assemblage offre un singulier aspect et mérite d'être visité.

La mosquée de Sidi-el-Kettani, bâtie par Salah Bey, en l'année 1780, est consacrée au rite hanefite : elle se trouve à l'extrémité de la rue Caraman, et le mur dans lequel est pratiqué le mihrab ou chœur forme un des côtés de la place Négrier. Le dôme est soutenu par de belles colonnes en marbre blanc. On y admire la chaire construite en pièces de marbre de plusieurs couleurs taillées et sculptées avec beaucoup d'art : c'est l'œuvre de sculpteurs génois. A côté de la mosquée se trouve la Medarsa de Sidi-el-Kettani, espèce d'université arabe qui comprend, outre la salle affectée aux cours de droit, de rhétorique arabe et d'unithéisme, une série de cellules où sont logés les étudiants. Au fond de la cour de cet établissement, sous une coupole élégante et dans un emplacement entouré d'une balustrade de marbre, on aperçoit les tombeaux de la famille de Salah Bey ; un peu plus loin, on voit l'ancien sérail converti, depuis plusieurs années, en institution pour les demoiselles sous la direction des Sœurs de la Doctrine chrétienne. Du haut du minaret de la mosquée on découvre un panorama extraordinaire.

Citons encore les mosquées de Sidi-Abder-Rahmann-el-Menalcki et de Sidi-Meïmoune dans la rue Vieux ; celle de Sidi bon Annéba, rue des Zouaves, et celle de Sidi-el-Akhdar. Cette dernière fut bâtie en 1743 par Hussein-Bey. Son minaret domine la rue Combes, et la salle des prières est construite sur une longue voûte qui aboutit à la place des Galettes. La Médarsa ou école que Salah-Bey fit élever auprès d'elle en 1779 est destinée aujourd'hui au cours public de langue arabe.

L'Eglise catholique est celle de Notre-Dame des sept Douleurs, située au pied de la place du Palais. C'est également une ancienne mosquée agrandie et devant laquelle on a construit un portique et qu'on a surmontée d'un clocher en bois. A cette église est annexé le presbytère.

Les PP. Jésuites ont aussi un oratoire dans la rue Sérigny et il y a un temple protestant derrière la grande mosquée.

Après avoir parcouru les mosquées en compagnie d'Abdallah, que m'avait gracieusement cédé le commandant Richardot, je me mis à visiter les établissements publics, car tout était nouveau pour moi, et je ne pouvais me rassasier de voir. Nous allâmes au palais des anciens Beys, qui fut construit par les soins de Hadj-Hamed, sur le modèle des palais d'Orient, et qui représente en réalité une de ces habitations féériques décrites dans les Mille et une Nuits. C'est là que réside le général commandant la division de Constantine, mais comme cette demeure est très vaste, on y a logé l'Etat-major général, la Direction du génie et des fortifications, les bureaux arabes, le Conseil de guerre et la salle où le cadi rend la justice à ses coreligionnaires.

Le palais forme trois grands corps de logis séparés par trois jardins ou parterres qui en forment le principal ornement. Une galerie intérieure règne dans toute l'étendue, et les amateurs en examinent avec curiosité les murailles, sur lesquelles le peintre naïf du Bey a représenté les principales villes musulmanes : La Mecque, Constantinople, Alger et Tunis.

Un canal sinueux en maçonnerie prend les eaux de la rivière de Berarith et des sources qui abondent sur le plateau du Mansourah près du village de Sidi-Mabrouk. Il les descend jusqu'au ravin qu'elles traversent par un syphon gigantesque de 75 mètres qui passe sur les ruines de l'ancien pont d'El-Kantara et les élève de là jusqu'à la Kasbah où se trouvent d'anciennes citernes romaines. Les tuyaux qui résistent à cette pression considérable traversent en tunnel toute la largeur de la ville et versent 600 mètres d'eau par jour dans ces citernes qui servent de réservoir et peuvent contenir 10,000 mètres cubes d'eau.

La plus grande partie des maisons a de vastes citernes, et Constantine est peut-être la ville la plus remarquable sous ce rapport. Il y a aussi de belles fontaines sur chaque place surtout place Négrier.

En sortant du palais, nous nous rendîmes au musée qui se trouve dans la salle du Conseil municipal. Il est remarquable par ses riches collections d'antiquités romaines en airain, en terre, en poterie, et en médailles qui sont placées sous des vitrines. J'y ai vu des médailles en bronze et en argent de Caracalla, Néron, Vespasien, Domitien, Héliogabale et Constantin, des vases étrusques très beaux, des fragments considérables d'architecture, des statues, des frises, des autels, des colonnes, des tombeaux, dont la place serait certainement au Louvre ou à Versailles ; et j'y ai passé de longues heures en contemplation devant ces chefs-d'œuvre de l'art antique.

Le théâtre, rue de la Porte, est un bâtiment très ordinaire mais assez grand ; la troupe y joue trois fois par semaine pendant trois mois. Il y a aussi deux cafés-concerts avec de beaux jardins et plusieurs salles de bal pour la garnison et les Européens.

Un cours public de langue arabe est ouvert rue Combes. L'école communale est rue Hakette ; celle des Frères des écoles chrétiennes qui réunit 400 enfants, est établie rue de Sérigny. L'école arabe française est sur la place Sidi-Djellis, et a 177 élèves. Il y a onze écoles indigènes dont deux de jeunes filles musulmanes et une vaste salle d'asile où sont reçus 300 enfants européens.

L'hôpital civil est sur la place des Galettes ainsi que le Dispensaire ; la prison civile est dans la rue Vieux.

Le marché de la place Nemours se tient tous les jours jusqu'à 10 heures. Le marché couvert de la place des Galettes est une belle construction assez semblable à nos halles de Paris. Le marché aux grains se tient au Coudiat-Ati ; c'est le plus important de toute l'Algérie, et la promenade de Sétif en part pour s'étendre jusqu'au camp des Oliviers. Le marché au cuir est rue Perrégaux. Il y a également un marché aux burnous, un marché aux tapis, un autre aux huiles. Sur celui de la place Négrier se vendent à la criée, les bijoux, les pierreries, les perles, les haïks, les selles brodées, les costumes, les tapis, les glaces et les meubles arabes. Deux bureaux sont établis : celui des syndics et celui du contrôleur des matières précieuses. Il n'est pas rare de trouver entre les mains des revendeurs des objets antiques, bagues, médailles, ustensiles numides et romains ou arabes qui ont été ramassés par les Juifs dans le lit du Rummel. Un abattoir est sur le fleuve près du Bardo. Sur les rochers qui se dressent à l'entrée du Rummel dans le ravin, on voit une inscription dite des martyrs, gravée en 259 en l'honneur de onze chrétiens décapités. Vis-à-vis, sur la rive gauche, on lit sur une pyramide en pierres de taille, cette inscription en français et en arabe :

Ici
fut tué
par un boulet,
en visitant
la batterie de Brèche,
le 12 octobre 1837,
veille de la prise de Constantine,
le lieutenant général
Denis, comte de Damrémont
gouverneur général
dans le nord de l'Afrique

commandant en chef
l'armée française expéditionnaire.

Au dessus s'étend l'esplanade de la Brèche sur le flanc du mur d'un minaret isolé, morne témoin de l'héroïsme de nos soldats aux deux sièges de 1836 et 1837 ; une table de marbre porte écrits les noms seuls des militaires de l'artillerie et du génie morts à cette époque. Une tour bysantine dite Bordj-Açous se dresse sur la partie occidentate du rempart. A 30 mètres au-dessous de cette tour est le tombeau de Prœcilius, orfèvre romain. La construction de ce sépulcre qui a été découvert le 15 avril 1855 remonte au cinquième siècle de l'ère chrétienne. Un peu plus bas on aperçoit les restes d'un aqueduc romain traversant une étroite vallée. Il n'y en a plus que 5 arches hautes de 15 mètres en moyenne. Cet aqueduc dont on fixe la date de construction à Justinien, servait à apporter les eaux du Bou-Merzoug dans les réservoirs et les maisons de la ville. On voit aussi dans le gazon les ruines d'un arc de triomphe.

Il y a trois cimetières : celui des musulmans derrière la pyramide Damrémont, celui des chrétiens qui lui est contigu et celui des Juifs sur le versant oriental du Bou-Mécid. Le cimetière des chrétiens est le seul qui soit entouré d'une muraille et décoré d'une porte monumentale.

La Kasbah contient trois grandes casernes d'infanterie et un hôpital militaire ; il y en a une rue Haquette pour les tirailleurs, une au Bardo pour les chasseurs d'Afrique et une pour les spahis dans la rue Fontenilhe. On y voit aussi une manutention, des magasins de campement et d'équipement, de bois, de charbon et d'orge, dans un ancien amphithéâtre romain, au bas de l'esplanade de la Brèche. C'est, en un mot, une ville militaire, mais dont le commerce n'est pas exclu, car il s'en fait un très grand à Constantine : grains, laines, cuirs, cire, miel, tissus de laine et de coton, café, denrées coloniales ; tels en sont les principaux articles. Comme industrie, on y fabrique de la sellerie arabe, de la cordonnerie, de la tamiserie, de la chaudronnerie, de la ferronnerie, de la ferblanterie, des socs de charrue et des faucilles pour toute la province, des burnous et des gandourahs en soie.

Il y a plusieurs hôtels assez importants à Constantine. Outre l'hôtel de France, où j'étais descendu, rue de la Poste, et où, entre deux parenthèses, je ne fus pas très mal, il y a l'hôtel des Colonies, l'hôtel d'Orient, l'hôtel d'Alger, et cinq à six autres hôtels secondaires. Les cafés sont également assez beaux. Deux surtout attirent l'attention ; *l'un, le café Charles,* sur la place du palais, sert de cercle aux officiers qui y font leurs réceptions ; *l'autre, le café Moreau* possède la plus vaste salle de ce genre de toute l'Algérie.

Constantine est le siège d'une préfecture, d'un commandement supérieur militaire, et des chefs de service de toutes sortes appartenant à l'administration civile et militaire. La population est d'environ 35,000 habitants, parmi lesquels on peut compter 6,000 Européens environ dont près de 5,000 Français. Les musulmans sont en général ignorants et imbus de préjugés, mais calmes et paisibles.

Presque toute la classe ouvrière porte des amulettes et des talismans contre les maladies et les obsessions des génies, et on y trouve peu de personnes capables de comprendre le koran et les livres saints. Sous le rapport de la science, la ville a beaucoup dégénéré depuis le gouvernement des Turcs ; mais avec les écoles qu'elle possède aujourd'hui, l'influence de l'éducation commence à s'y faire sentir.

Constantine est l'ancienne Sirta ou Cirta si célèbre dans l'antiquité, car tous les personnages qui ont joué un rôle dans l'histoire de l'Afrique, y ont paru tour à tour. C'est à Cirta que nous voyons Massinissa et Syphax alliés des Carthaginois et des Romains. Massinissa pour prix de ses nombreux services dans la dernière guerre punique reçut du Sénat de Rome, l'empire de la Numidie et fit de Cirta sa capitale. Après lui, nous voyons Jugurtha, qui fut battu par le dictateur Marius, Bocchus, Juba, Scipion, César, Constantin, Bélisaire. Après la chute de l'empire Vandale et la décadence de celui d'Orient, Constantine s'érigea en royaume arabe et le disputa en importance à Tunis et à Bougie jusqu'à la conquête de Kair Eddin Barberousse époque où elle tomba sous le joug des

Turcs. De nombreuses révoltes, aussitôt comprimées, y éclatèrent en 1567, en 1583, en 1601, 1629 et 1640, et les Turcs y envoyèrent des troupes et un gouverneur qui prit le titre de bey. Les plus illustres sont Salah Bey qui resta 25 ans au pouvoir et embellit la ville et la province de nombreux édifices, Hussein Bey, Ibrahim Bey et Hady Ahmed. Presque tous ces beys furent assassinés ou étranglés soit par l'ordre du dey d'Alger, soit par leurs administrés.

Le dernier Bey de Constantine, Hadjy-Ahmed avait été proclamé par le parti Kabyle, et aidé par un ministre habile et intelligent Ben Aïssa, il eut un gouvernement assez paisible, mais le gouvernement français prononça sa déchéance en 1830, et nomma à sa place Sidi Mustapha frère du bey de Tunis. Ahmed resta pourtant à Constantine où il se fortifia. Ben Aïssa aussi bon général qu'excellent administrateur défendit la ville contre les Français en 1836 et 1837. Tout le monde connaît la retraite désastreuse de 1836 qui occasionna un soulèvement presque général contre nous en Algérie, soulèvement qui fut promptement réprimé. Constantine était devenue le siège des mécontents, et une prompte expédition ayant été jugée nécessaire, le général Damrémont, envoyé depuis peu comme gouverneur de l'Algérie résolut de s'emparer de la ville à tout prix. Le général Bugeaud battu par Abd-el-Kadder venait alors de signer le désastreux traité de la Tafna, qui reconnaissait l'émir comme souverain de l'ancienne régence d'Alger à l'exception de la capitale, de quelques villes et territoires de la province de Constantine et le siège de cette ville fut décidé. Nos troupes le commencèrent.

Le 11 octobre 1837 les feux de la batterie de brèche déterminèrent un éboulement qui rendit l'assaut possible. Le 12 Octobre, avant de lancer les colonnes d'attaque, dit M. Nettement à qui nous empruntons ce récit, le général Damrémont, dont les talents militaires étaient rehaussés par les qualités morales les plus élevées, fit sommer les assiégés de se rendre, en leur envoyant un parlementaire chargé de les éclairer sur leur position. Ce parlementaire, qui était un jeune soldat du bataillon turc, noyau des régiments de zouaves, revint le lendemain avec la réponse suivante : « Il y a à Constantine beaucoup de munitions de guerre et de bouche ; si les Français en manquent nous leur en enverrons. Nous ne savons pas ce que c'est qu'une brèche et une capitulation. Nous défendrons à outrance notre ville et nos maisons, et les Français ne seront maîtres de Constantine, qu'après avoir égorgé le dernier de ses défenseurs. »

En recevant cette réponse, Damrémont s'écria : « ce sont des gens de cœur ; eh bien ! l'affaire n'en sera que plus glorieuse pour nous !

Le succès des opérations du siège paraissait certain. Dans peu d'heures la brèche devait être praticable, le temps était magnifique. Tout dans notre camp présageait la gloire et la joie d'une victoire prochaine. Le général Damrémont partageait cette joie ; l'avenir se présentait à ses regards avec un aspect riant ; encore un peu de temps, il allait avoir réparé l'échec de nos armées, mis la France en possession d'une ville importante, et conquis le grade militaire le plus élevé auquel on puisse arriver. Il mit pied à terre avec le duc de Nemours, un peu en arrière des ouvrages, et se dirigeant vers la tranchée pour examiner les ouvrages de la nuit, il s'arrêta sur le chemin qui y conduisait, à un point très découvert, d'où il observa la brèche; il était huit heures et demie du matin. Le général Rullière, qui s'était porté au-devant de lui, lui rappela le danger qu'il courait. C'est égal, répondit-il avec cette impassibilité qui était le caractère de son courage. Ce fut son dernier mot. Au même moment un boulet, parti de la place, le renversa sans vie. Il mourait de la mort de Turenne. Le général Perregaux, en se penchant sur lui, reçut une balle au front et tomba, grièvement blessé, sur le corps de son chef et de son ami tout à la fois.

Le général Valée, averti en toute hâte, fit couvrir d'un manteau le corps du général Damrémont, qu'on transporta silencieusement sur les derrières du camp, et prit le commandement en chef. Dans les nuits du 12 au 13 octobre, on continua à tirer sur la brèche; le 13 à trois heures du matin on la reconnaissait. A quatre heures, les trois colonnes d'assaut étaient à leur poste. La première était commandée par le lieutenant colonel de Lamoricière ; la deuxième par le colonel Combes ayant sous ses ordres les commandants Bedeau et Leclerc ; la troisième par le colonel Corbin.

A sept heures du matin, le signal de l'assaut fut donné par le duc de Nemours designé comme commandant du siège par le général en chef. On entendit alors une voix stridente et déjà bien connue des zouaves, jeter ces mots : « Mes zouaves, à vous ! Debout ! Au trot, marche ! »

En quelques moments la brèche était escaladée au milieu d'une vive fusillade partie des remparts. La peinture a retracé la scène principale de ce terrible assaut. Horace Vernet a montré le vaillant Lamoricière au sommet de la brèche, au moment de l'explosion qui fit de si grands ravages dans nos rangs. Le colonel Combes arrivant après lui, allait recevoir deux blessures mortelles qui ne l'empêchèrent pas d'aller rendre compte du succès à M. le duc de Nemours. Il termina son rapport verbal par ces mots d'une simplicité héroïque : « Ceux qui ne sont pas blessés mortellement jouiront de ce beau succès. » Alors seulement on s'aperçut qu'une balle lui avait traversé la poitrine et quelques heures après ce brave officier avait cessé de vivre.

Entre les deux efforts successifs tentés par les deux colonnes d'assaut, avait eu lieu l'explosion terrible qui fit tant de victimes. La première section de la deuxième colonne d'attaque arrivait sur la brèche, Lamoricière avait enfin trouvé une issue conduisant à une porte inférieure, et y engageait un violent combat ; il sentit un mouvement d'oscillation qui ébranla le terrain : une caisse contenant les réserves de poudre des indigènes prenait feu. Cette explosion en amena presqu'aussitôt une seconde : le gaz enflammé s'était communiqué aux sacs à poudre portés par les sapeurs du génie, et même aux cartouchières des soldats, la presque totalité des hommes de Lamoricière furent atteints et il demeura lui-même renversé sous les débris des murailles, et ses camarades portèrent un instant le deuil de cette jeune gloire.....

Le chef de bataillon Bedeau et le capitaine le Flô électrisèrent aussi les troupes par leur exemple ; elles pénétrèrent dans la ville, mais y avancèrent lentement et avec précaution parce qu'elles avaient à se défendre contre les assiégés réfugiés dans les maisons et à détruire les barricades. Quand tout espoir de résistance fut perdu, les chefs de Constantine envoyèrent au général Valée une demande de capitulation en se recommandant à sa clémence. Le vainqueur fit à cette prière une réponse pleine de générosité, remplaça le pouvoir par un gouvernement pacifique, pénétré du désir de rendre la justice à chacun, appela les principaux chefs à prendre part à l'administration de leurs affaires et obtint par ces procédés la prompte soumission de la ville et de la contrée.

Hadji-Ahmed s'enfuit au désert au milieu de la tribu des Beni-Gassah, où il mena une existence malheureuse jusqu'en 1848, époque où il se rendit au commandant St-Germain et fut interné à Alger avec sa famille et ses serviteurs.

Le faubourg de Constantine a pris un grand développement depuis 1847 où il n'y avait qu'une seule maison en dehors des portes, et aujourd'hui on voit dans la banlieue des moulins à farine, une scierie, des fabriques de tabac, une distillerie d'alcool et de betterave et divers autres établissements :

Vis-à-vis l'angle sud de la ville, au sud du Mansourah, on trouve une fontaine d'eaux thermales.

Sur le Mansourah s'élève une forte redoute ainsi que le marabout de Sidi-Mabrouk. Quelques habitations se sont groupées sur cet endroit, au milieu de beaux jardins. On y voit aussi les haras, le dépôt de remonte pour la cavalerie et les restes d'une église catholique. C'est aux pieds de ce hameau, qu'ont lieu chaque année les courses de chevaux et les fantasias arabes.

La pépinière où jardin d'essai est sur la route de Batna, sur la rive droite du Bon Merzoug. C'est la plus belle promenade des environs de Constantine.

La route de Philippeville est magnifique et bordée de jardins et d'arbres fruitiers, et on y remarque le palais champêtre d'Ingliss-Bey, qui est dans une situation admirable. Les deux autres routes principales sont celles de Sétif et de Batna, celles de Guelma et de Tebessa qui sont moins importantes que les premières. Les moyens de transport pour les voyageurs sont les voitures, les chevaux, et les mulets. Il y a même un service de diligence et aujourd'hui un chemin de fer relie Constantine à Alger. Il a coûté bien de l'argent et surtout bien des peines, mais c'est un des bienfaits de la colonisation française, et il est même question aujourd'hui de le continuer jusqu'à Tuggurt, c'est-à-dire à l'extrême frontière du désert africain et du Maroc.

CHAPITRE VI

Exploration à Guelma, à Bône et la Calle.

J'avais entrepris ce voyage en Algérie pour étudier à la fois la topographie, les monuments et les mœurs du pays et au lieu de me diriger directement sur Oran ou Alger, mon intention était de tout visiter en détail. Aussi, après avoir pris de l'argent en assez grande quantité pour faire face à mes dépenses de toutes sortes, j'allais faire mes adieux au commandant Richardot et j'obtins de lui qu'il me laissât Abdallah auquel je m'étais sincèrement attaché.

Nous partîmes donc de Constantine pour aller à Guelma et de là faire le tour de la province.

La route de Constantine à Guelma est célèbre parmi les archéologues pour les ruines de Kheimica et Announa, qui sont très importantes et dont les restes montrent encore la grandeur des Romains. J'y admirai surtout des tronçons de colonnades d'ordre dorique et corinthien et quelques vestiges d'architecture romaine et arabe, mais je n'y éprouvai pas la même impression qu'aux ruines de Carthage, aussi ne fîmes-nous qu'y passer ; montés sur nos excellents chevaux, nous arrivâmes à Guelma le lendemain de notre départ.

Cette ville est à 108 kilomètres de Constantine et assise sur la rive droite de la Seybouze, et sur la pente rapide du mont Maouna. C'est une cité toute neuve, sur des ruines antiques. Elle s'élève au milieu des retranchements d'une vieille position militaire restaurée par les Français. C'est l'antique Calama des Romains qui fut renversée par un tremblement de terre, et qui, depuis, servit de citadelle et de retraite aux indigènes à l'époque des invasions Vandales et Musulmanes. Elle fut occupée par nos troupes en 1836 peu avant le siège de Constantine.

En fait de monuments on trouve à Guelma, un théâtre antique, des Thermes, un temple et d'autres restes curieux, qui sont en dehors des remparts, et on y reconnaît les traces de cinq grandes voies romaines, deux vers Hippone, une vers Constantine, une autre vers Zama et la dernière vers Tifflich.

Guelma est le lieu de résidence d'un commandant supérieur, d'un commissaire de police et d'un juge de paix. La population y est d'environ 5.000 habitants dont 14 à 1.500 européens, en partie français. La ville est entourée de murs crénelés ouverts par cinq portes:

celles de Bône, de la Pépinière, de Constantine, de Medgez-Amar et d'Announa. Il y a un hôpital et quatre casernes dans l'intérieur de la Kasbah.

C'est une ville neuve, bien alignée et qui par son aspect riant rappelle la France. L'eau circule dans ses rues en abondance. La plupart de ces rues sont plantées d'arbres et sont de véritables promenades.

Au milieu de la ville s'ouvre la jolie place de St-Augustin, tout ombragée d'arbres et entourée de verdure, au bout de laquelle viennent aboutir les rues St-Ferdinand, Saint-Louis et Négrier. C'est une cité très commerçante, et où l'on trouve des miroiteries et des tanneries, des briquetteries, des poteries, des tuileries. Il y a aussi des marchés considérables de blé, d'huile, de bestiaux et de bois, un bazar juif et un bazar arabe.

En arrivant à Guelma on y remarque sur la place St-Augustin une belle église et une mosquée des plus gracieuses, et on admire surtout le jardin des fleurs qui est magnifique.

Nous descendîmes à l'Hôtel de l'Aigle, le

7.

premier de la ville, où nous fûmes assez bien logés et très bien traités comme nourriture. Il y a plusieurs cafés dans la ville. Le pays des environs est très accidenté, le terrain bien cultivé plein de richesse et d'avenir. Les eaux thermales de *Hammam Berda* sont abondantes et bien fréquentées et on voit tout auprès beaucoup d'exploitations isolées. Deux services de jour et de nuit relient Guelma à Bône et des voitures à volonté transportent les voyageurs dans toutes les directions. Il y a même un service d'omnibus qui dessert la banlieue. Nous prîmes la diligence pour Bône et après avoir traversé les communes d'Héliopolis, de Guélaa Bou Saba et Medjez-Amar, nous arrivâmes à Bône. Medjez-Amar est remarquable par les ruines d'Announa et est dit-on l'antique Tiblis où les troupes du consul Aulus passèrent sous le joug des perfides Numides. C'est là que sont les eaux dont nous avons déjà parlé, de Hammam Meskoutine, et on y voit au nord-ouest le Djebel Mtaia célèbre par une grotte hérissée de stalactites et d'inscriptions, mêlées à des croix gravées dans la pierre. Cette grotte servait de refuge aux chrétiens à l'époque des persécutions. Nous descendîmes à Bône à l'Hôtel de France situé sur la place d'Armes et nous fûmes accueillis d'une façon très affable par le maître de l'établissement qui nous conduisit à une chambre fort bien meublée et donnant sur la place d'où nous pûmes entendre la musique militaire qui y donnait concert, et voir les gens de la ville y assister en toilette.

Bône est située sur la côte septentrionale de l'Afrique, dans le fond d'une baie à 156 kilomètres de Constantine et 422 kilomètres d'Alger. La baie de Bône est terminée à l'est par le cap Rosa et à l'ouest par le cap de Garde qui n'est qu'une ramification des monts Edoug. A l'extrémité de ce dernier, on a construit un phare dans les environs duquel on trouve une carrière de marbre rouge superbe, exploitée depuis les temps les plus anciens. En venant par mer lorsque l'on a doublé le cap de Garde, on arrive à la hauteur du fort Gênois, vieille construction qui depuis le choléra de 1849 sert de lazaret provisoire. Au pied du fort il y a une bonne rade qui sert de refuge pendant les gros temps.

Un peu plus bas est le mouillage des Caroubiers, où la côte change subitement d'aspect en faisant un coude. Là ce sont des collines couvertes d'une riche végétation, des maisons de campagne bâties jusqu'aux bords de la mer. Plusieurs batteries, celles du Lion, du Caserin et du fort Cigogne dominent le port et la rade. Une jetée en pierres sèches prolonge le port et protége les navires contre les vents violents du nord. Le mouillage aux Caroubiers est une falaise élevée baignée par la mer. A l'ouest de grands jardins étendent leurs tapis aux couleurs variées, et au nord, les pentes du monticule en gradins portent au sommet sur un large plateau, la kasbah ou citadelle qui domine la rade et la plaine de Bône.

Cette plaine de Bône est baignée par la Boudjema qui vient se jeter dans la mer tout près de la ville. Ce cours d'eau grossi pendant l'hiver par des pluies torrentielles se répand dans la campagne en sortant de son lit, et souvent grossi par le flux et reflux, il laisse en se retirant des grandes flaques d'eau dont les émanations malsaines occasionnent des fièvres paludéennes très malignes et qui ont donné une si mauvaise réputation au climat de Bône ; mais depuis quelques années de nombreux travaux d'assainissement ont été entrepris et l'air du pays est redevenu salubre.

Un canal de ceinture tracé au pied du mont Edoug ramasse toutes les eaux qui en découlent et joint l'Oued-el-Farcha qui formait autrefois un marais, le reçoit à son tour et va rejoindre la Boudjena. Un autre canal remplace aussi le ruisseau d'or dont les marécages étaient une cause permanente de maladies. Enfin deux autres canaux font communiquer la Seybouse et la Boudjema. Par ces moyens on a pu circonscrire le foyer de l'épidémie et faire disparaître à peu près les fièvres endémiques qui y régnaient.

Au sud de la ville est une petite vallée dont la sol paraît entièrement formé d'alluvions. C'est dans cette plaine que se jette la Seybouse, et de son embouchure au cap Rosa la côte est bornée de dunes, au-delà desquelles sont de vastes plaines, cultivées par les Arabes et les colons et très riches en troupeaux et en cultures de toutes espèces.

Ma première excursion fut pour les ruines d'Hippone. Les restes de cette cité si importante dans les premiers siècles de l'ère chrétienne sont situés à environ 2 kilomètres de la ville, entre le Seybouse et la Boudjema, sur une colline plantée d'oliviers et de jujubiers. On y retrouve les arches d'un gigantesque acqueduc, de vastes citernes pour contenir les eaux, les traces d'un quai sur la rive gauche de la Seybouse, quelques débris de construction et de statues, et enfin les vestiges d'un cirque et de thermes dites de Scipion. Hippone avait été fondée par les Carthaginois, sous le nom d'Ubbo, et des fouilles faites, il y a quelques années, ont amené la découverte de médailles, de mosaïques, de fragments de monuments funéraires et de débris humains. En s'emparant de cette ville, les Romains la nommèrent Hippo-Regium, et sa principale illustration est due à S. Augustin, né à Thagaste à 28 kilomètres de là, et qui fut pendant quarante ans évêque d'Hippone de 396 à 430. Il y mourut peu de temps avant la conquête des Vandales, qui détruisirent tout excepté l'Évêché et la bibliothèque du saint docteur de l'Église. Depuis cette époque Hippone fut tour à tour prise par Bélisaire, détruite par les Arabes, rebâtie par eux à la place où est Bône aujourd'hui, conquise par les Tunisiens, occupée par les Turcs, et enfin définitivement reprise par les troupes françaises en 1832 par le général Monck d'Uzer qui y arbora le drapeau tricolore le 26 juin ; depuis lors, la ville n'a pas cessé de nous appartenir et aujourd'hui c'est une véritable ville française par ses maisons, ses habitants et ses monuments, avec un aspect pittoresque qui rappelle par instants l'Afrique et l'Orient. Bône est aujourd'hui chef-lieu d'arrondissement de la province de Constantine, résidence d'un général de brigade commandant la subdivision ; c'est le siège d'une sous-préfecture, d'un tribunal de 1re Instance, d'une chambre de commerce et d'un conseil de guerre. La population est de 8,000 âmes environ, dont plus de 3 000 européens, et la garnison comprend près de quatre mille soldats de toutes les armes.

Bône est entourée d'un mur d'enceinte de 25 pieds de hauteur et d'une longueur de 2 kilomètres, avec des tours carrées sans revêtement où terrassement. Cinq portes y donnent entrée. Ce sont les portes de la Kasbah, de Damrémont, de S.-Augustin, de Constantine et de la Marine. On y a établi des chemins de ronde avec glacis, et fait de grandes plantations, du côté de la mer surtout, et les ravins ont été comblés de déblais.

La ville est d'un aspect très gai ; les rues sont propres et bien alignées pour la plupart; quelques-unes pourtant sont un peu escarpées car la ville est sur un terrain inégal. En entrant dans Bône par la porte de la Marine, on débouche sur la place du Commerce, qui n'est pas très grande, mais est fort jolie, bordée d'arbres et ornée d'une belle fontaine en marbre blanc. La principale maison est l'hôtel du général commandant la subdivision. En face s'élève un bâtiment composé de plusieurs parties affectées aux services des directions du port, des Domaines et de l'enregistrement. Sur la gauche, et directement opposée aux bureaux de la Douane, s'ouvre la rue de l'Arsenal où l'on remarque de fort belles maisons. On gravit alors lentement la rue Fréart et on se repose un instant à la jonction des rues Suffren et Philippe. Au sommet de cette dernière se trouvent l'hôpital, et l'horloge de la ville. Puis en descendant la rue Suffren on tombe sur la place d'Armes, plantée d'arbres en forme de quinconce ; au milieu s'étend un petit square, dont le centre est occupé par une fontaine en pierre avec jets d'eau et bassin, et rien n'est plus gracieux que cette pluie d'eau au milieu d'un feuillage toujours vert. La place est de forme quadrangulaire, entourée de belles maisons dont les rez-de-chaussées sont des galeries à arcades. Mais l'édifice le plus remarquable est la mosquée. Construite dans l'origine avec les débris des temples d'Hippone, elle vient d'être considérablement augmentée et embellie par une façade composée d'arcades avec galeries de style mauresque et du plus bel effet. Les rues de Constantine, Damrémont et Saint Augustin aboutissent à la place. La rue de Constantine est large et bien alignée, habitée en partie par des commerçants, marchands ou débitants. Celle de Saint-Augustin, moins ancienne est bâtie de maisons fort jolies ; quant à la rue Damrémont, c'est le quartier aristocratique et le mieux fréquenté de la ville. A l'entrée de cette rue se trouve la place de Rovigo en face du café des Officiers. L'on y remarque un jardin et une fontaine. Tous ces bouquets de verdure, ces jets d'eau, d'un aspect si agréable contribuent à égayer la ville et à rafraîchir la température. A l'est de la ville est une belle promenade partagée en plusieurs avenues et design e sous le nom de Cours-Napoléon. C'est le rendez-vous habituel des promeneurs.

A l'extrémité du Cours-Napoléon on aperçoit l'église paroissiale, masse quadrangulaire assez belle. Le portail et les côtés appartiennent à l'ordre byzantin : tandis que la coupole est construite dans le genre grec. Le portail est surmonté d'une tour carrée qui s'en détache assez légèrement, et l'intérieur est vaste et assez bien orné de peintures, de vitraux et de statues.

Il y a également une autre église à l'hôpital, un temple protestant et une synagogue pour les Juifs. Bône possède un vaste hôpital militaire rue d'Armandy, à côté de l'Intendance, et deux casernes, l'une dans la rue d'Orléans, l'autre près de la porte Damrémont. Cette dernière est pour la cavalerie. La redoute Damrémont et le fort des Santons qui sert de poudrière sont placés près de la Kasbah. Tous les services administratifs sont représentés à Bône. Postes, Télégraphes, Justice civile et militaire, Enseignement y ont leur place. On y voit un hôpital civil fort vaste, une prison près du palais de justice, un collège communal, une école presbytérale, une autre Israélite, plusieurs écoles arabes, une institution de religieuses de la doctrine chrétienne et une salle d'asile. Il existe un journal, un cercle, un bureau de bienfaisance, une loge maçonnique ; le théâtre est fort coquet. C'est une jolie salle décorée avec le goût le plus exquis, par M. Abel de Pujol. Ce bâtiment construit d'après le meilleur modèle peut contenir de 800 à 1,000 spectateurs et une troupe y donne des représentations pendant trois mois de l'année.

Il y a plusieurs hôtels et des cafés très bien

tenus. Le commerce de la ville est considérable, surtout en céréales ; on exporte aussi des huiles, des laines, des bestiaux, de la cire et du miel, et assez de cuirs, mais le principal article c'est le blé. Le marché aux grains est situé en dehors de la ville sur la route de Constantine. Il a lieu tous les jours et présente l'aspect le plus animé.

Il y a aussi un marché aux légumes, un marché aux poissons, un marché arabe pour les fruits et les produits indigènes, qui, tous, sont bien approvisionnés, mais le prix des denrées est assez élevé. L'industrie manufacturière est peu développée car à part la sellerie, la confection des vêtements et des chaussures, il n y a pas de fabriques. Les indigènes font cependant des burnous, des tapis, et des ustensiles de ménage de première nécessité.

En revanche l'art de bâtir y a fait de grands progrès. Outre la pierre et le marbre on trouve en abondance sur les lieux, de la chaux, des briques et de la tuile. Les bois du pays, si l'on excepte le chêne-liège exploité sur une grande échelle, sont peu employés, à cause de la difficulté des transports, si ce n'est pour le chauffage et le charbon.

Les environs de Bône sont très riches en minerais de fer qui sont appelés à devenir dans l'avenir, une source de richesse inépuisable pour le pays.

Les gisements de la Beblicta, des Karezas et principalement ceux de Mokta-el-Hadir — à 33 kilomètres de la ville sont d'une puissance remarquable, et leurs produits ont obtenu plusieurs médailles d'or aux différentes expositions universelles. Ces deux dernières alimentent la vaste usine de l'Halelik et fournissent à la France des éléments de fonte d'une qualité supérieure. Une voie ferrée, partant de Mokta-el Hadir après avoir longé les Karezas, vient aboutir à la Seybouse et assurer désormais l'exploitation des deux mines, qui occupent un nombreux personnel.

Les hauts fourneaux de l'Halelik fondés en 1847 fonctionnent aujourd'hui très régulièrement et produisent une fonte remarquable. On en construit en ce moment plusieurs autres plus considérables avec fonderie et lamineries. Aussi Bône avec son industrie métallique est appelée dans un avenir prochain à occuper un des premiers rangs dans la colonie Algérienne, mais ce qui manque à sa vie, à son développement c'est un port, car celui qu'on y a commencé depuis si longtemps n'est pas encore achevé et est toujours défectueux.

Les environs de Bône sont charmants. La pépinière du gouvernement, le hameau de Ste-Anne, et Hippone offrent un but de promenade très agréable. La vallée des Kermiches avec son ruisseau doré et ses bosquets de lauriers roses, celle des Caroubiers avec ses bois d'oliviers et sa vue de la mer, celle de l'Oued-Kouba avec ses jardins et sa forêt de l'Edoug, si sauvage et si majestueuse, avec ses cascades, et son aqueduc romain, ses sentiers perdus et ses sources glacées offrent un aspect riant et pittoresque, et on ne peut quitter ces sites enchanteurs sans émotions et regrets. Au-dessus des ruines d'Hippone, sur un tertre verdoyant on a construit un monument simple et sans ornement en l'honneur de St. Augustin. C'est un petit autel en marbre blanc surmonté de sa statue en bronze environné d'une grille de fer. Chaque année depuis 1842, époque où l'on y plaça les reliques du saint évêque, le clergé s'y rend processionnellement et en grande pompe pour y célébrer une messe commémorative le 28 octobre.

Alelik est un simple village où l'on a placé le dépôt des étalons du gouvernement pour la province de Constantine, créé en 1844, et c'est là aussi que se trouve l'établissement de la société anonyme des hauts fourneaux de l'Alelik dont nous avons déjà parlé plus haut. Le pays était autrefois riche en chasse, mais le gibier tend à y disparaître ; cependant on y rencontre en abondance des cygnes et des oiseaux aquatiques.

A 3 kilomètres de Bône, existe un orphelinat de cent jeunes filles, élevées pour être de bonnes ménagères sous la direction d'une religieuse qui les dirige avec autant de zèle que d'intelligence et de dévouement. Cet établissement que j'allai visiter est admirablement tenu et forme une ferme des mieux exploitées, dont je sortis pénétré d'admiration et d'estime pour l'excellente directrice qui, au dire de M. le docteur Richard du Cantal, était la meilleure cultivatrice de l'Algérie.

Toutes ces différentes visites m'avaient pris du temps mais je puis le dire, je ne regrettai guère les huit jours que je passai à Bône, car tout m'y plaisait, ville, promenades, coup d'œil, antiquités, population même, et ce ne fut pas sans peine que je me décidai à m'arracher aux délices de cette nouvelle Capoue, qui avec Blidah et Alger devaient laisser dans mon cœur d'éternels souvenirs, mais il fallut enfin partir et n'ayant pas trouvé de voiture qui fasse le service de la Calle, je pris des chevaux et toujours accompagné d'Abdallah, nous nous mîmes en route pour cette ville.

CHAPITRE VII.

La Calle. — La pêche du corail. — Voyage par mer de la Calle à Stora. — Aspect de Philippeville. — El-Harrouch. — Jemmapes. — Retour à Constantine.

Un roc déchiré par les vagues et quelques constructions ne peuvent guère impressionner agréablement, quand on vient de Bône à a Calle par mer; cependant une fois à terre on se réconcilie un peu avec la laideur du paysage formé par la presqu'île où est bâtie la Calle et les rochers couronnés du fortin du Moulin qui ferment l'entrée du port. Un plateau peu élevé couvert de bruyères, de palmiers nains, de myrthes et de quelques bouquets de chênes-liéges ne laisse au regard que l'immensité de la mer et des côtes depuis le cap Gros jusqu'au cap Roux. L'entrée de la passe du port est très dangereuse, car elle est étroite, et le peu de fond qu'il y a occasionne par les gros temps une barre très difficile à franchir. D'après Mgr Dupuch, qui nous sert souvent de guide en cette circonstance par son étude approfondie de l'Algérie, la Calle serait l'ancien évêché de Tumida, mais il n'ose pas l'affirmer.

Le privilège de la pêche du corail qui abonde dans cette partie de la mer africaine, fut cédée en 1520 à François Ier par le bey de Tunis et c'est alors que le duc de Bourbon, dit-on, y fit élever le bastion de France et nos rois commencèrent à exploiter ce commerce. Cet établissement, ruiné plusieurs fois et toujours relevé à différentes époques, appartint successivement aux rois de France, aux ducs de Guise, à des négociants, à la compagnie des Indes, à la compagnie d'Afrique qui seule y était devenue très florissante lorsque la Convention, par un arrêté du Comité de salut public, prononça sa suppression et voulut que le gouvernement exploitât lui-même. En 1807 les Anglais obtinrent cette concession du bey de Tunis, mais en 1816 la France rentra dans ses droits et continua d'occuper la Calle jusqu'en 1836 où la ville fut annexée définitivement à notre colonie algérienne.

L'importance de la Calle est relativement minime. Il y a environ 12 à 14,000 habitants presque tous européens, en partie français. La ville est assise sur un banc de rochers de 420 mètres de longueur sur 60 à 80 de largeur; ces rochers sont en grès et se rattachent au continent par un banc de sable, que défend du large une nappe d'eau communiquant avec la mer et où près de 200 bateaux pêcheurs peuvent trouver un abri. Un navire de plus de cent tonneaux ne pourrait y entrer vu le peu de fond.

200 maisons environ sont bâties sur cette presqu'île et forment une rue assez régulière. Le pavillon des officiers, ancien comptoir de la compagnie d'Afrique est une maison de belle apparence. Un mur de 2 mètres de hauteur protége les habitations et va rejoindre le fort du Moulin se terminant à l'entrée du port derrière la caserne des spahis. C'est là qu'est la porte appelée porte de l'Avancée. Entre le mur de défense et le magasin des ponts et chaussées se tient le marché. C'est surtout le corail qui constitue l'importance du commerce de la Calle. Un arrêté de police du 31 mai 1832 a pourvu aux mesures qu'exige ce genre d'exploitation : Les délivrances de patentes, les amendes de contraventions, la quantité de poudre qu'il est permis aux corailleurs d'avoir à bord ; les défenses d'emploi de filets ou d'engins de nature à détruire les bancs ; les exemptions des droits de douanes relatives aux provisions de bouche, les conditions d'admission dans les hôpitaux.

Une ordonnance royale de 1844 a fixé à

800 francs par an, sans distinction de saison, la rétribution payée par chaque bateau étranger qui se livre à la pêche du corail sur les côtes de l'Algérie. Il doit aussi prendre un passeport variant de 5 à 30 francs suivant le tonnage des bateaux. 5 francs pour ceux de moins de 10 tonneaux, 15 francs pour ceux de 10 à 30 tonneaux, et 30 francs pour ceux dépassant 30 tonneaux.

Le corail de la Calle est porté à Livourne où il occupe plus de 700 personnes. Ce sont les Juifs qui centralisent ce commerce. Ils expédient le gros corail en Russie ; le rose, le plus beau, en Chine : la seconde qualité appelée escart, en Pologne ; le barbaresco et le robachiara aux Indes. Le tenegliatura ou menus brins et la terraille flottante, croûtes provenant du dégrossissement des branches étaient autrefois employées à la traite des noirs, mais aujourd'hui se vendent à très bas prix en Europe.

Les opérations de la pêche du corail sur les côtes de l'Algérie ont subi un certain ralentissement depuis quelques années. Le nombre des bateaux employés à cette pêche avait diminué tout à coup de près de moitié et c'était surtout les bateaux napolitains qui faisaient défaut. On attribuait cette abstention à la non-vente du produit des pêches précédentes. Mais ce commerce s'est relevé à la faveur du retour de la mode. Du reste les bijoux en corail ont un avantage sur l'or, ils sont bons pour la santé, dit-on, et vont fort bien aux brunes, et cette raison en cause surtout la vogue.

Il y a à la Calle un hôpital desservi par les frères de St-Jean de Dieu et dans lequel on a élevé une petite église du temps de la Compagnie d'Afrique. L'ancienne tour du Phare est restaurée et on y a placé un appareil catadioptique. Un grand puits sur la plage sert à l'alimentation de la population et à l'approvisionnement des corailleurs. Il n'y a ni hôtels, ni auberges, mais seulement quelques cantines où les vivres sont hors de prix. On trouve dans la banlieue de nombreux arbres fruitiers et de la vigne. Si on gravit un des points culminants du plateau on aperçoit le lac Supérieur, le lac des Poissons et le lac Salé, entourés de taillis marécageux, qui aux mois de juin et de septembre exhalent des miasmes délétères et causent des fièvres très pernicieuses ; mais dans leur voisinage on trouve de belles forêts de chênes lièges, et des sables siliceux mélangés de parcelles de mica. Les transports sont très difficiles et la seule route tracée est celle de Bône par laquelle nous étions venus. Et encore !...

Nous prîmes passage sur un chasse-marée de Philippeville qui se rendait à Stora avec son chargement de corail : l'*Espérance* ; tel était son nom, et après vingt quatre heures passées à terre, nous nous rendîmes à bord. Le petit bateau levait l'ancre et nous nous installâmes le mieux que nous pûmes, avec Abdallah dans la cabine du patron qui l'avait mise à notre disposition pour cette traversée.

Le voyage de la Calle à Stora à bord d'un vapeur se fait habituellement en sept à huit heures. Il y a 41 lieues marines, et l'on suit presque constamment la côte ; avec notre petit chasse-marée, il nous fallut trente-six heures; de la Calle à Bône, vu les vents contraires et comme il avait des marchandises à prendre pour Philippeville, nous allâmes coucher à l'hôtel de France et le lendemain nous reprîmes la mer, à sept heures du matin. Après douze heures de navigation nous entrions à Stora, il était trop tard pour débarquer, aussi nous passâmes la nuit sur l'*Espérance* ; et à la pointe du jour nous descendîmes à terre.

Stora est à 4 kilomètres de Philippeville. C'est une localité peu peuplée, où il n'y a guère qu'un millier d'habitants dont la moitié environ sont français, italiens et maltais ; et toutes les maisons sont groupées autour du port, dans l'intérêt du commerce. Le développement de Stora est limité par le talus à pic de la montagne. Il y a une église et ce n'est en définitive qu'un faubourg de Philippeville. Les bâtiments peuvent se mettre à l'abri dans la rade de Stora en s'amarrant tout près de la terre. Il y a 9 à 10 brasses d'eau dans le milieu.

Pendant la belle saison, les navires peuvent mouiller dans la baie, entre le port de Stora et le cap Ras Sikida, voisin de Philippeville. On y trouve bon fond et l'on y est en sûreté ; avant la construction du port, les courriers y jetaient l'ancre. Cette partie du golfe de Stora, porte spécialement le nom de baie de Stora. Le golfe, formé par le cap Boudjarone à l'Ouest et le cap de Fer à l'Est séparés l'un de l'autre par dix-huit lieues de longueur sur six de profondeur, se divise en deux baies : celle de Collo et celle de Stora. Les environs de cette dernière offrent des sites charmants ; au bord de la mer c'est une suite de petites plages entrecoupées de pointes de rochers. Les terres élevées de l'intérieur s'abaissent graduellement jusqu'au cap Ras-Sikida qui est formé par une terre isolée de 200 mètres de hauteur se redressant insensiblement, mais du côté de la mer se présentant sous un aspect abrupte et hérissé de rochers. Les parties élevées sont très boisées. Le saf-saf baigne ses pieds à l'Est, et un débarcadère en bois fort tourmenté des vagues et très souvent emporté par la mer, dont une partie est taillée dans le roc, est le seul moyen pour aborder sur la plage en attendant la construction des quais.

Stora était dans l'antiquité le port de Constantine, et on voit encore les traces d'une voie romaine en pierres noires qui reliait ces deux points. Ce chemin communiquait avec Rasikade, ville voisine qui prend son nom du cap Ras-Sikida et dans le vallon qui s'étend entre ce cap, et l'intérieur était une cité importante, si on en juge par les cintres de voûtes, les restes des citerne, d'amphithéâtres, de mosaïques et de murailles qui des bords de la mer se dirigent assez avant dans le pays. Elle fut détruite par les Vandales et ne fut pas rebâtie depuis, mais c'est auprès de ses ruines qu'on a fondé Philippeville.

La route qui conduit de Stora à Philippeville est une des plus belles qu'on puisse voir. Les bords en sont plantés de citronniers, de grenadiers, et de lauriers-roses dont les parfums enivrent le touriste, et c'est une promenade charmante qu'on se fait un plaisir de faire à pied : Philippeville fut fondée par le maréchal Valée en 1838, et dès 1840 elle avait déjà acquis de l'importance. Aujourd'hui c'est une sous-préfecture avec un tribunal civil, un commandant supérieur, 2000 hommes de garnison et une population de près de 10,000 âmes dont la plus grande partie est européenne. Cette cité fraîche et neuve n'a aucune de ces masures qui attristent les yeux dans nos villes algériennes restaurées avec plus ou moins de goût et de bonheur. Nous descendîmes à l'hôtel des Colonies dans la rue de la République, autrefois rue Impériale, et notre premier soin fut de nous faire servir à déjeuner après quoi nous sortîmes pour visiter la ville.

Riante et coquette, elle a un aspect prospère et champêtre que rien ne saurait lui enlever. Les rues sont belles en général, surtout celles des citernes, du cirque, des Numides, de Sétif, et de Constantine. La rue de la République est bordée d'arcades et traverse Philippeville dans toute sa longueur. Les plus jolis bâtiments sont la demeure du commandant supérieur, la sous-préfecture, la Direction des douanes, les hôtels des colonies et de la Régence. Les places principales sont la place de la Marine, la place de la Douane, la place Corneille et la place de l'Eglise où l'on voit une statue romaine trouvée dans des fouilles et qu'on croit être celle de l'empereur Caracalla. La place Bélisaire où se tient le marché est spacieuse et toute plantée de mûriers.

L'activité commerciale y est très grande, car c'est un train continuel de marchandises allant à Constantine ou en venant. L'industrie consiste en marbres, en chênes liège, en échanges de toutes sortes, en importations de tissus. Il y a plusieurs fortins ou redoutes et deux portes, celle de Constantine et celle de la Marine. A celle de Constantine on voit un Caravansérail établi pour les Arabes. Il y a aussi un fanal sidéral sur l'îlot des singes, et un petit phare sur l'île Srigina, on y voit également un télégraphe, et un lazaret pour les quarantaines est établi du côté de Stora.

Les casernes d'infanterie et du train sont vastes et bien situées et l'hôpital militaire est fort beau. C'est là qu'est placé l'horloge de la ville. Les magasins des services militaires sont installés sous d'anciennes constructions romaines, ou sous des baraques en bois. Le local de la bibliothèque militaire qui sert de cercle est orné d'antiquités remarquables. Deux sarcophages en marbre, parfaitement conservés y sont déposés. De magnifiques colonnes, des sculptures, des statues s'y trouvent également. Les vieilles citernes romaines, consistant en huit grands bassins ont été déblayées et réparées, dans le genre antique, avec un goût qui doit servir de modèle pour les restaurations du même genre. Elles abreuvent la ville aussi bien que des puits nombreux.

L'église catholique est un monument nouvellement achevé, mais qui avait fortement été endommagé par le tremblement de terre du 21 août 1856. On l'a depuis peu de temps entièrement réparée. Il y a aussi un oratoire protestant et une nouvelle mosquée, des écoles tenues par les Frères et les Sœurs de la doctrine chrétienne, un abattoir, un dispensaire et une belle pépinière.

Le théâtre est petit mais coquet et bien décoré. Il y a également un journal et une imprimerie, plusieurs cafés et hôtels.

Les environs de Philippeville sont très productifs et offrent de jolies promenades surtout la route de Stora qui est remarquable, non seulement par sa beauté mais par ses nombreuses ruines romaines. On peut citer encore : le ravin de Beni Melek conduisant à Collo ; les bords de la rivière de Zéramna où s'étend une forêt de 3 000 hectares, et le vallon du saf-saf, qui sont, on ne peut plus, pittoresques, et en outre de tout cela, les charmants petits villages de Damrémont, de Saint-Antoine et de Valée, riches en culture, en bétail et en plantation de toutes sortes.

Pour retourner à Constantine, il y a plusieurs diligences, moi, voulant voyager à petites journées, je pris celle de El-Arrouch où j'avais l'intention de m'arrêter un jour. C'est un gros bourg, à 31 kilomètres de Philippeville et à 32 de Constantine, qui occupe sur la route un point culminant de la vallée de l'Oued-Ensa. Les eaux provenant d'une source abondante y sont amenées par un canal voûté. Une fontaine à quatre robinets les reçoit sur la place centrale et les verse en toute saison par 120 litres à la minute. El-Arrouch a des lavoirs, des abreuvoirs, une église, et des écoles ; deux moulins à huile y sont établis, et l'un d'eux en produit 700 hectolitres par année. Une puissante minoterie y fonctionne sur la rive gauche du Saf-Saf dans la vallée des Zerdezas, et on y voit plusieurs briqueteries. On y élève beaucoup de gros bétail, et c'est une des principales ressources du pays. J'allai visiter la ferme modèle du 3e bataillon d'Afrique qui est bien nommée par les nombreuses améliorations qu'on introduit dans la culture. Elle est sous la direction d'un capitaine et nous y reçûmes jusqu'au lendemain la plus cordiale hospitalité.

De El-Arrouch à Jemmapes il n'y a pas de voitures, et c'est à cheval que nous dûmes partir pour Jemmapes où nous arrivâmes dans la soirée après avoir successivement traversé Saint-Charles, jolie petite commune, Filfila célèbre par ses carrières de marbre et Ahmed ben Ali.

Jemmapes est situé sur un double mamelon au centre de la vallée de l'Oued Fendeck à l'embranchement des routes d'El-Arrouch et de Philippeville, à 90 kilomètres de Constantine. Cette commune a été fondée en 1848, et c'est un des centres de création nouvelle qui a le plus prospéré. La population n'est

uère que de 1 000 à 1 200 habitants, mais il y
un avenir certain pour ce petit pays, où l'on
érigé église, infirmerie, écoles de garçons
t de filles, lavoir et abreuvoir, réservoir, bor-
es, fontaines et marché couvert. On y exploite
eaucoup de chêne-liège et on a découvert aux
nvirons une source d'eau chaude minérale
éjà bien fréquentée et bien exploitée, appelée
 devenir un lieu de rendez-vous pour les
nalades. La ville est traversée par les routes
e Constantine à Bône et à Philippeville qui
e bifurquent à St-Charles.

Nous prîmes la diligence se rendant à Cons-
antine où je voulais retourner avant de pous-
er mon exploration plus loin, car j'y atten-
ais plusieurs lettres importantes de France
ue j'avais fait adresser à M. Richardot et
ans la soirée, vers huit heures, nous sortions
u coupé de notre véhicule et nous nous ren-
ions directement à l'Hôtel de France et de
à chez le commandant Richardot qui en effet
vait reçu pour moi des lettres et de l'argent
t dont la réception fut des plus affables.

CHAPITRE VIII

Adieux à Constantine. — Sétif. — Bougie et Djidjeli. — Fort Napoléon et Souk-el-Arba. — La Kabylie et les kabyles du Djurjura. — Mœurs, usages, coutumes des habitants du pays.

Après avoir témoigné au commandant Richardot toute ma sympathie et l'avoir assuré de mon amitié pour toujours, après avoir passé deux jours avec lui en compagnie de MM. les officiers des spahis et des chasseurs d'Afrique il fallut songer à se séparer. Abdallah s'était attaché à moi et ce ne fut pas sans peine que je me décidai à m'en séparer, car il était d'une compagnie agréable, mais je savais qu'il aimait le commandant et que celui-ci le regardait comme un fils et je ne voulus pas l'entraîner dans mes excursions à travers l'Algérie. Je choisis donc pour domestique un interprète arabe, ancien spahis, du nom de Mustapha dont me répondirent plusieurs officiers et spécialement le commandant du bureau arabe dont il était un des chaouchs : il accepta mes offres et ayant loué deux excellents chevaux pour nous rendre à Sétif nous prîmes le chemin de cette ville, munis d'une lettre du commandant du bureau arabe. La route est bornée en quelques endroits par de nouvelles petites communes, mais nous ne nous y arrêtâmes pas : nous allâmes coucher à Mila, à une journée de marche de Constantine, cercle dont elle fait partie.

Mila est dans un pays accidenté, au pied du versant des montagnes de Zouagha, sur la rive gauche du Rummel dont elle est distante de 10 kilomètres et possède une fontaine de construction romaine. Elle est entourée de jardins, de citronniers et de vignes. Le mur est en pierre de taille. On a trouvé plusieurs inscriptions latines dans les maisons, car c'est par cette ville que passait la route romaine d'Alger à Constantine.

C'est l'antique Milevum dont saint Optat fut évêque. Il y a à Mila une mosquée importante appelée Sid Ali Ben Yahia, où l'on dit qu'on trouve de profonds souterrains. Le commerce y consiste en fabrication de couscoussou, et en exportation de raisin et d'oranges. Comme il n'y avait ni hôtel, ni caravansérail, nous dûmes demander l'hospitalité aux Arabes, et Mustapha se rendit chez le kaid de Mila qui nous offrit la table et le logement, ce que je m'empressai d'accepter. Rien ne saurait donner une idée de l'hospitalité arabe : si l'on n'en a pas éprouvé les bienfaits. Une fois dans un village kabyle ou dans un douar arabe, lorsque l'un d'entre eux vous a offert le feu et le sel, comme ils disent, votre personne est sacrée et votre hôte, serait-il le plus pauvre du monde, vous cédera sa natte et son toit s'il n'a pas de place, et trouvera toujours le moyen de vous donner le couscoussou. Lorsque c'est un riche, un chef qui vous reçoit, malheur à la basse-cour et aux troupeaux. Rien n'est de trop pour recevoir les étrangers qui doivent dormir dans sa demeure, et leur être agréable. En cette occasion Achmed ben Hassan caid de Mila se montra d'une rare magnificence.

Un bœuf, un mouton et plusieurs poules avaient été tués à notre intention et nous prîmes place sur des tapis de Tunis ou étaient disposés plusieurs coussins. Achmed et les personnages les plus influents de Mila se placèrent à côté de nous et pendant tout le repas, nous entendîmes les accords d'une guzla et les chants des jeunes filles de la tribu. Cela fait, le repas terminé, on servit le café et les pipes. Achmed s'informa avec bienveillance de notre situation, nous demanda où nous allions et nous proposa même une escorte d'honneur pour nous rendre à Sétif ; nous le remerciâmes de notre mieux, et nous allâmes prendre un repos qui nous était bien nécessaire. A peine étions-nous réveillés, le lendemain que notre hôte, pour nous témoigner sa satisfaction et nous faire honneur, vint nous rejoindre et nous annonça qu'il allait nous accompagner à moitié route. Il nous conduisit presque jusqu'à Djemila où nous nous séparâmes après nous être promis de nous revoir un jour. Qui sait si ce jour viendra ?...

Djemila, l'ancienne Iemelloe des Romains est situé sur un plateau d'un accès difficile, entouré d'un horizon triste et resserré. On y voit de belles ruines romaines, entre autres un théâtre, un temple quadrilatère à 6 colonnes les restes d'une église chrétienne avec une mosaïque, des bas-reliefs et des inscriptions en grand nombre. On y remarque aussi le forum où s'élève un temple dédié à la victoire, et un arc de triomphe qui y mène. Ce dernier a une hauteur de 12 mètres 65 centimètres sur une largeur de 10 mètres 60 centimètres, et est d'une seule arcade de 7 mètres sur 4 de largeur. Deux pilastres de chaque côté reposent sur un stylobate commun et encadrent les trumeaux creusés chacun d'une niche destinée, sans doute, à des statues. On lit sur l'attique une grande inscription qui prouve que cet arc de triomphe a été élevé à l'empereur Caracalla, vainqueur des Parthes, des Bretons, des Germains, père de la patrie, proconsul, à sa mère Julia Domna et à son père Septime Sévère.

Nous ne nous arrêtâmes à Djemila que pour voir ces ruines imposantes ; nous continuâmes notre route sur Setif, et vers huit heures nous entrions à l'hôtel des voyageurs.

Sétif est situé à 130 kilomètres de Constantine et à 82 de Bougie. C'est un centre de population composé de maisons neuves à la française et assises avec une parfaite symétrie aux pieds des murs antiques d'une citadelle rectangulaire. Ce fort occupe l'angle d'une muraille ancienne, construite sur un sol ondulé. On voit encore sur le coteau qui s'élève au nord les restes de l'ancien Sétif qui était trois fois plus grand que le nouveau, et s'étendait à l'ouest de ce côté, et tout contre le fort, s'est groupé un village français dans les premiers temps de l'occupation.

Sétif sous les romains Sitifis colonia fut érigé en capitale d'une province de l'intérieur qui reçut le nom de Mauritanie Sitifienne, et devint célèbre par la révolte de Firmus dont nous parlerons plus amplement un peu plus haut. Comme la plus grande partie des villes de l'Afrique, Setif fut détruite par les Vandales, mais ils ne purent complètement l'anéantir. Depuis elle appartint tantôt aux Kabyles, tantôt aux Turcs, tantôt au bey de Constantine jusqu'en 1839 où elle fut occupée par nos troupes et où une ville fut définitivement fondée en 1847.

Sétif est la résidence d'un général de brigade, commandant de la 3ᵉ subdivision de Constantine et a encore 3000 hommes de garnison. La population est d'environ 5000 habitants dont les deux tiers sont européens. La citadelle est une forteresse antique qui a 150 mètres de longueur sur 120 de largeur ; les murs sont flanqués aux angles par des tours et il y en a six autres au milieu et sur les côtés. Quatre portes donnent accès dans la ville : les portes de Biskara, de Constantine, d'Alger et de Bougie.

Sétif est bien percée et promet de prendre de l'importance. Les plus belles rues sont celles de Constantine et Sillègue, toutes deux plantées d'arbres ; les rues Trajan, Justinien et d'Isly ; les places du Théâtre, de l'Eglise et du marché sont vastes et ont presque toutes des fontaines. Il y a une église, une mosquée remarquable, de grandes casernes, de vastes magasins pour l'armée, et un musée d'antiquités sur la promenade d'Orléans. On y trouve également un petit théâtre particulier où jouent les militaires de la garnison, et deux écoles, une pour les garçons et une pour les filles, un cercle du commerce, et plusieurs cafés ou hôtels. Le marché où viennent tous les dimanches plus 10,000 Arabes est très important.

C'est un des points des plus salubres de l'Algérie, presque constamment balayé par les vents. On a créé de beaux jardins dans les environs et on y voit de belles cultures, mais peu d'arbres. Les villages d'Ain Séfia, Ain-Arnat, Bouhira, Messaoud, Ouricca, Mahouan etc. promettent de prendre une grande extension et sont très florissants aujourd'hui. Tous sont mis au nombre des communes et ont une mairie.

Nous repartîmes de Sétif à cheval : car je préférais ce mode de locomotion, et pour ne pas avoir à en changer à chaque instant, je chargeai Mustapha de m'en acheter deux, et il fit marché avec un Juif, qui moyennant trois cents douros, nous abandonna deux bêtes magnifiques. J'appelai l'un Sultan et l'autre Pacha, et je n'eus qu'à me louer de mon achat, car ils avaient toutes les qualités qu'on peut attendre des chevaux arabes. Nous fîmes en 7 heures et sans trop de fatigue les 82 kilomètres qui séparent Sétif de Bougie.

Vue de la mer, Bougie a l'aspect le plus pittoresque qu'une ville puisse présenter. Des masses rocheuses, d'une élévation imposante, le Beni Tchoudja et le Babor, l'entourent à petite distance, avec un rideau de montagnes fort hautes ; on est frappé de la variété des formes et de leurs crêtes. Le Gouraya, sur le revers méridional duquel la ville est bâtie, se dresse à 671 mètres au-dessus du niveau de la mer où ses pieds plongent par des pentes fort rapides. Les maisons éparpillées au milieu des arbres sur la déclivité où se festonne une riante verdure, ont un caractère champêtre qui contraste avec cette nature sévère. Un fort la domine entièrement, un autre qui est sur le rivage, ainsi que plusieurs batteries de côtes, servent à sa défense.

Bougie (en arabe Bidjaïa) a été fondée par les Carthaginois sous le nom de Saldoë, et tous les peuples qui sont venus tour à tour en Afrique, ont reconnu l'importance de sa situation et lui ont laissé des souvenirs de leur séjour. Aussi de nombreuses ruines attestent son antique splendeur. On y retrouve parfaitement reconnaissable l'enceinte de la cité romaine qui est encore debout dans certains endroits. Genséric qui s'en empara au v⁰ siècle en fit la capitale du royaume des Vandales, jusqu'à la prise de Carthage et c'est à lui qu'on attribue la construction des deux murailles en ruine qui descendaient de cette crête jusqu'à la mer. Après la chute des Vandales, les Aglabites, les Fatimites, les Zurites, et les Hamadytes y firent le siège de leur puissance, et lorsque les Hassites furent établis en Afrique par les Almohades et devinrent indépendants sur le trône de Tunis, Bougie devint l'apanage de l'héritier de leur pouvoir. Alors Bougie acquit une triste célébrité. Comme ceux des autres Etats barbaresques, ses habitants se livrèrent à la piraterie, et Pierre de Navarre en 1510 s'empara de la ville et y éleva la Kasbah actuelle pour réprimer leurs brigandages.

Bougie repoussa les assauts de Haricadden Barberousse en 1514. Mais Charles-Quint vint s'y établir en 1541 et les Espagnols n'en furent chassés que par trahison et son défenseur Alonzo de Peralta eut la tête tranchée sur la place de Valladolid.

La ville sous les Turcs perdit son importance commerciale due principalement aux exportations de cire et de cuirs connus sous la dénomination de bougies et de basanes à cause de ses noms (Bedjaïa, Badjana).

En 1831 l'équipage des bricks français l'*Aventure* et le *Silène* qui avaient fait naufrage sur la côte ayant été égorgé, et en 1832 des insultes ayant été faites au brick anglais, le *Procris* et au brick français le *Marsouin*, une expédition fut dirigée sur Bougie ; le 29 septembre 1833 elle fut prise par les troupes françaises et dès lors demeura bloquée par les Kabyles des montagnes voisines. Les expéditions faites à travers la grande Kabylie ont enfin ouvert les voies de la liberté et de la colonisation à la population groupée sur ce point, qui nétait avant 1857 qu'un poste d'occupation militaire.

Bougie sert aujourd'hui de résidence à un commandant supérieur et à environ 1500 hommes de garnison. Il y a une Justice de paix, un commissaire de police et elle dépend de la sous-préfecture de Philippeville. La population est de 3000 habitants dont un tiers est arabe.

La baie de Bougie à 20 kilomètres de largeur sur 45 de longueur du cap Carbon à l'ouest au cap Cavalo à l'Est. Le mouillage y est bon et les navires y ont un bon abri, en été, mais en hiver ils doivent s'approcher de terre, et entrer dans la petite anse du marabout de Sidi Yahia. Un fanal élevé dans une maisonnette construite sur le cap Bouac indique le mouillage, et la côte s'inclinant fait place à la petite baie de Sidi-Ahmed à la porte de laquelle est le fort Abd-el-Kadder. C'est là que se trouve le débarcadère; dans la même direction sont le vieux port et la Kasbah. Non loin de là est l'embouchure du Bou-Mansour ou Oued-el-Kebir.

La ville a pour enceinte les vieilles murailles romaines, vandales et arabes dont nous avons parlé, qui sont restaurées par les Français depuis leur occupation. Ils y ont conservé cinq portes, qui sont : les portes de Fouka, du Vieillard, d'Abd-el-Kadder, Moussa et de la Kasbah. Ces trois dernières communiquent à trois forteresses défendant les abords de la place, assises sur les pentes du ravin Sidi Touati, qui divise la ville le long de Gouraya, et se bifurque vers son sommet. Le fort Moussa est sur la rive droite de ce ravin, le fort Abd-el-Kadder sur la gauche au bord de la mer, et le Kasbah fait face à l'entrée du vieux port.

Bougie a la forme d'un cône dont le sommet seul est fréquenté. Les maisons de la ville, entourées d'orangers, de citronniers, de grenadiers, de figuiers de barbarie ont l'air de demeures champêtres. La circulation est bien active dans les rues qui sont sinueuses et contournent les accidents de terrain dont la pente est très rapide, les communications sont difficiles et les seules rues qui aient de l'apparence sont les rues Trézel et du Vieillard. Les places sont : les places Louis Phillippe où se tient le marché aux grains ; celle de l'Arsenal où est le marché aux légumes, aux volailles, au bois. On voit en dehors de la ville un fondouk pour remiser les marchandises des Arabes, qui viennent écouler leurs produits. Les fontaines sont au nombre de cinq, mais les anciens acqueducs fonctionnent encore et pourraient donner beaucoup plus d'eau si cela devenait nécessaire.

L'église est petite et pauvre, mais bien entretenue. La mosquée n'a rien de remarquable, mais au sommet de Gouraya on aperçoit le marabout de Sidi-Bosgri, qui a été défendu avec fureur par les Kabyles, puis remplacé par un blockans. Au bord de la mer on voit ceux de Sidi Yahia, Sidi Aïssa et Sidi Abder Rahmann. Il y a plusieurs casernes: la Kasbah, le fort Barral, Bridja et Sidi Toati. A Bridja il y a également un hôpital, et une prison militaire a été faite au fort Abd-el-Kadder. Il n'y a guère que l'hôtel des Quatre-Nations et celui de la Marine de convenables, et un seul café, celui de la place de l'Arsenal.

Depuis quelques années le commerce semble reprendre à Bougie et consiste en blé, orge, cire, suif, peaux, huiles et fruits. On a même installé plusieurs moulins à huile. Les environs de la ville sont très montagneux, mais d'un aspect agréable et varié. Les bois de Gouraya sont fréquentés par des singes et des panthères, car ces localités sont très peu peuplées et très boisées, et les fauves y font de grands ravages. Huit jours plus tôt et j'aurais pu prendre part à une chasse à la panthère, qui avait été organisée par le commandant supérieur, et avait duré pendant trois jours. Deux panthères avaient été tuées et leurs restes portés en triomphe dans la ville, je regrettais ce fâcheux contretemps, mais je dus renoncer même à l'espoir d'une chasse prochaine, sans quoi je me serais installé quelques jours à l'hôtel. Je ne restai qu'un jour à Bougie et me rendis par mer à Djidgelli, dont on m'avait vanté la beauté.

Cette ville n'est qu'à 12 heures de Bougie et à 24 heures de Philippeville. Elle s'avance dans la mer sur une pointe rocheuse qu'une plage très basse relie à la côte. C'est sur cette petite presqu'île qu'on a relevé la ville presque entièrement détruite par le tremblement de terre de 1856. L'horizon est bordé de très près par les montagnes de la Kabylie dont les plus bas gradins sont occupés par nos postes avancés. Une culture riche et bien entendue festonne une vaste bordure au tableau que les sommets de Djurjura couverts de neige pendant la plus grande partie de l'année dominent à petite distance. Le port de Djidjelli ressemble à celui de Tripoli en Barbarie, mais il est plus petit et moins sûr. On peut y mouiller avec confiance pourtant, pendant la belle saison ; il est défendu des tempêtes du Nord par une ligne de roches de plus de 800 mètres, qui malheureusement sont trop écartées pour détruire complètement la puissance des vagues. Le plus grand intervalle qui les sépare est du côté de la ville, où le fond est très inégal. Une grande et belle plage forme l'enceinte du port dont la profondeur au centre est de 7 à 8 mètres ; ce fort se maintient à 5 mètres jusqu'au fort Duquesne, placé sur un gros rocher tenant à la terre. C'est sur ce point que débarqua le duc de Beaufort en 1664.

Djidjelli est l'antique Jgigellis fondée par les Cathaginois. Elevée au rang des colonie romaine par l'empereur Auguste, elle était traversée par plusieurs grandes voies qui conduisaient à Bougie, à Sétif, à Constantine et à Hippone. En 1154 Djidjelli se donna à

Kaïr Eddin Barberousse qui fit de son port le repaire de ses pirates et le dépôt de ses déprédations. C'est de là qu'il s'empara d'Alger, et la ville resta sous la domination turque. Prise en juillet 1664 par le duc de Beaufort, celui-ci y fonda un établissement militaire et y laissa 400 hommes sous les ordres du comte de Gadagne, mais ce faible corps de troupes fut massacré par les indigènes le 30 octobre de la même année. Depuis cette époque le commerce de Djidjelli ne s'est pas rétabli. Le 13 mai 1819 elle fut enlevée par le colonel Desalles, et fait partie de nos possessions algériennes.

Aujourd'hui un fossé d'enceinte et le fort Duquesne, sont la seule défense de la ville avec les batteries de la mer. C'est une cité qui n'est encore ni militaire, ni bourgeoise, peu de commerce, pas d'industrie; point d'hôtel, pas de café ou du moins les cafés qui existent y sont de bien triste apparence. Un théâtre où l'on joue les jeudis et les dimanches, et une pépinière de 4 hectares servant de promenade, voilà la seule distraction des habitants. La population ne s'élève guère, du reste, qu'à 2 000 habitants dont plus de la moitié sont Arabes.

Nous repartîmes le même soir de Djdjelli, pour revenir à Bougie, et le lendemain nous nous dirigions sur Souk-el-Arba en Kabylie, ou plutôt sur le Fort Napoléon, dont on m'avait parlé comme d'un travail imposant et gigantesque. Après avoir couché dans la tribu des Beni-Yahia et avoir été bien fatigués par la chaleur, la soif et surtout les accidents du paysage nous finîmes par atteindre ce point si désiré.

Fort Napoléon et Souk-el-Arba ne font qu'un pour ainsi dire, ou si l'on aime mieux, l'un est la ville militaire et l'autre est la ville arabe. Les tribus remuantes de la Kabylie étaient en insurrection continuelle ; il fallait les dominer, les étreindre d'un cercle de fer, et la construction d'un fort était le seul moyen d'assurer à la France la possession de sa conquête. Le Fort Napoléon s'est élevé avec une prodigieuse rapidité ; il a été construit en cinq mois et en l'apercevant, en contemplant cette masse de constructions, on se demande ce qu'il faut le plus admirer : ou de la patience, du courage et de la persévérance infatigable de nos soldats, ou de l'intelligence et de l'activité des chefs qui ont tout dirigé.

C'est en effet un travail gigantesque que celui-là !... L'enceinte flanquée de dix-sept bastions offre un développement de 2 kilomètres et est percée de deux portes; la porte d'Alger, et la porte de Djurjura, élégamment construites en marbre blanc, fourni par les carrières qui sont aux pieds du fort. L'intérieur est couvert de grands bâtiments. Il renferme : à droite la maison des hôtes, le bureau arabe, une prison, un télégraphe électrique, une caserne, un cercle pour les officiers, un pavillon pour le commandant de place, la maison du commandant supérieur, et deux autres casernes pour deux bataillons d'infanterie. A gauche, on voit : les magasins à fourrage, les ateliers du génie, la caserne de cavalerie, l'intendance, l'infirmerie, les magasins de subsistance, de literie et de campement et les pavillons des officiers.

Au milieu de tout cela, la ville civile, c'est-à-dire dans l'intérieur même du fort, des magasins et des auberges, des maisons de colons, en tout 67 bâtiments qui forment une imposante cité et dominent le pays en forçant à la soumission et au respect les populations environnantes. L'eau est fournie par un syphon et proviennent d'une source située à Aboudid. Elle est reçue dans un grand bassin où on peut la répartir selon les besoins de chacun. En dehors et près de l'enceinte, un jardin potager a été créé par nos soldats qui y ont planté des arbres fruitiers afin de les répandre en Kabylie. La route de Tiziouzou au Fort Napoléon est maintenue en très bon état et les habitants se livrent si paisiblement au commerce et à l'agriculture qu'on a de la peine à croire, en voyant ce pays, que la guerre a pendant de longues années régné là dans toute sa fureur.

Nous allons du reste décrire en quelques lignes la Kabylie et les Kabyles qui méritent une mention particulière, tant ils diffèrent des Arabes par leurs mœurs, leurs usages et leurs coutumes. Nous serons brefs autant que possible, mais c'est une étude trop intéressante pour passer outre sans s'y arrêter.

CHAPITRE IX

La Kabylie et les Kabyles du Djurjura.

Il y a une opportunité sérieuse à parler du Djurjura et des populations qui l'habitent, car c'est le pays qui conserve l'essence pure de la nationalité Kabyle autochtone à laquelle tiennent de près ou de loin les deux tiers des indigènes algériens ; c'est le peuple qui garde intacts, le caractère, les mœurs et les coutumes de sa race, caractères et coutumes qui offrent avec les nôtres de frappantes analogies et peuvent se prêter à l'œuvre la plus pratique d'assimilation. Veut-on des instincts démocratiques, des tendances égalitaires, l'amour du travail, le goût de la fixité au sol, ils sont là. Rêve-t-on un régime communal à étendre sur l'Algérie, qu'on y regarde ; la commune est l'unité traditionnelle des Kabyles. Songe-t-on à établir la propriété indigène sur les bases de la propriété individuelle, nulle part on ne la voit mieux assise que chez les tribus du Djurjura. Cherche-t-on enfin s'il est une partie de la population africaine qui soit apte à recevoir notre civilisation et capable de nous en savoir gré, elle est toute trouvée. C'est la nation Kabyle.

Les Turcs ont directement précédé la domination française en Algérie; mais à considérer le prestige de la puissance, l'étendue de l'occupation, la grandeur des moyens militaires, c'est Rome que l'on regarde vraiment comme l'aînée de la France sur le sol d'Afrique. Ce sont toujours ses traces monumentales qu'on admire, ses exemples qu'on prône son système qu'on glorifie. Quel usage, pourtant Rome fit-elle de sa force et de sa liberté d'action contre les peuplades du Djurjura ? Elles avaient alors le même caractère guerrier, les mêmes instincts de liberté qu'aujourd'hui, et les Kabyles musulmans ne se sont jamais assimilés aux Arabes ni aux Turcs, ce qui prouve qu'ils n'ont pas le fanatisme religieux des sectateurs de l'Islamisme. Les Kabyles se sont battus contre la France pour l'honneur plutôt que pour la foi et placent leurs devoirs religieux après leurs immunités civiles, après les intérêts de leur commerce, de sorte que les vainqueurs respectant en eux le citoyen et favorisant le commerçant , n'ont presque plus à redouter leur fanatisme, et la France à sa manière a fait bien plus et bien mieux que Rome avec toute sa puissance et sa politique.

L'histoire de la Kabylie peut se décomposer en cinq périodes, les époques romaine, vandale, bysantine, arabe et turque. Commençons par la première. Voilà d'abord la légende de la naissance des Kabyles.

Aux premiers âges du monde, un roi géant régnait en Arabie sur une vaste contrée montagneuse, lorsqu'arriva menaçant au pied de ses montagnes, le prophète Moïse, qui conduisait les Hébreux à la recherche de la terre promise. Devant ces envahisseurs plus nombreux que les sables de la mer, le roi résolut de s'enfuir en emportant son montagneux empire sur ses épaules. La nuit favorisa sa fuite : à la pointe du jour, ses pas de géant avaient déjà fait des centaines de lieues, quand épuisé de fatigues, le Djurjura qu'il portait sur ses larges épaules l'écrasa de son poids et du cadavre gigantesque naquit alors la race qui habita désormais le pays.

Ammien Marcellin a laissé des *Quinquagentiens* ou cinq tribus unies, comme on appelait alors les peuples du Djurjura, une énumération complète dans ses ouvrages. Il les divise en Tendenses, Massissenses, Isaflenses, Jubalens et Jesalenses, et trois de ces peuplades se reconnaissent encore dans les tribus existantes par le nom et la position qu'il leur donne. Les Massissences sont les Imsissens ou Msisnas-riverains de l'Oued-Sakel ; les Isaflenses sont devenus les Ifflisen ou Flissas de la Grande Kabylie, et les Jubalens vivent encore dans les Bens-Jubar, puissante tribu des environs de Bougie.

« En quittant la montagne proprement dite, on trouve dans les cartes latines, sur le littoral Kabyle, entre Bougie et Dellys, les colonies maritimes de Rusazus et de Rusubezer, et près des ruines de Rusazus réside encore la tribu Kabyle d'Azuzen, ce qui prouve que les Romains ont dominé en souverains dans cette contrée. D'après Ptolémée du reste, le Djurjura ne serait autre que le mont qu'il avait appelé Girgyris.

La langue Kabyle se parle, mais ne s'écrit plus et se perdrait de jour en jour si les Touareggs n'en conservaient pas l'usage. Il y a quelques années une ruine très importante était découverte en Kabylie au village d'Abigor, près des ruines de Rusubezer ; elle portait un bas-relief et une inscription ; le bas-relief représentait un cavalier nu sur un cheval, un bouclier à la main ; le modèle en était grossier mais semblable à d'autres bas-reliefs, portant des inscriptions latines, datés de l'époque romaine et recueillis dans la grande Kabylie. L'épigraphe était gravée en caractères inconnus et serait encore à déchiffrer sans le secours de l'alphabet des Touareggs, dont la langue et les mœurs sont identiques à ceux des Kabyles.

La Kabylie appartenait autrefois à la Numidie de Masinissa et de Jugurtha. C'est Masinissa et son fils Micipsa qui ont fixé ces tribus nomades au sol et en ont fait des agriculteurs. Plus tard, après la défaite de Jugurtha, le pays est annexé à la Mauritanie qui devient la vassale de Rome. Mais, sous Juba II, le numide Tacfarinas poussa le cri de guerre et leva l'étendard de la révolte, entraînant dans sa rébellion toutes les tribus de Cherchell à Tripoli. Cette guerre dura pendant huit ans et tint les légions romaines en échec plus d'une fois, car Tacfarinas se montra grand capitaine et il fallut sa mort pour clore cette lutte sanglante. Attaqué par le proconsul Dolabella, il vendit chèrement sa vie, préférant la mort à la captivité honteuse chez les Romains.

Sous Caligula, la Mauritanie, révoltée de nouveau, fut alors définitivement réduite en province romane et partagée en Tingitane et Césarienne. La Kabylie fut comprise dans cette dernière province, et toutes les fois que les chroniques latines parlent des Quinquagentiens, c'est pour mentionner leurs violentes agitations. Défaits en 297, par l'empereur Maximien Hercule, ils furent contraints d'accepter la paix et une partie d'entre eux fut transportée, d'après Mamertin. Des inscriptions, des pierres monumentales, des bas-reliefs trouvés à Chercheli, à Bougie, à Délys, confirment ces récits des panégyristes latins, et on trouve même sur une d'entre elles le nom d'Ancelin Litua, gouverneur de la Mauritanie Césarienne, vainqueur des Quinquagentiens rebelles. »

La phase la plus remarquable de l'histoire du pays à cette époque est la révolte de Firmus qui chercha à venger les odieuses exactions du gouverneur Romanus. Chrétien, mais donatiste et hérétique, il avait entraîné son peuple à embrasser ses croyances pour ne pas professer le même culte que l'ennemi et arborer le drapeau de l'indépendance. Ce fut une guerre sérieuse.

Firmus s'empara d'Icosium (Alger), réduisit en cendres Cœsarea (Cherchell), capitale de la province et rallia toutes les tribus maures sous son commandement. C'était un vrai Kabyle, brave et adroit, guerrier et diplomate tout à la fois. Le comte Théodore, le plus habile général de l'empereur Valentinien Ier fut envoyé en Afrique pour le combattre. Dès qu'il fut débarqué à Djidjelli avec les légions gauloises, Firmus chercha à gagner du temps en lui envoyant une députation pour demander l'oubli du passé. Théodore demanda des otages et se rapprocha des révoltés. Une seconde députation vient encore arrêter le général sur sa route, mais sans lui annoncer les otages demandés. Théodore, mécontent, poursuit son chemin et établit son camp au pied du Djurjura.

Alors la lutte commence. Deux frères de Firmus : Dius et Mascizel, commandaient les Tendenses et les Massissenses. C'est contre eux que le général romain s'avance : il y eut une mêlée furieuse, cessée deux fois, deux fois reprise ; les cohortes se croyaient triomphantes, quand Mascizel revint au combat avec de nouvelles troupes et la victoire fut chèrement achetée par les Romains. Il fallut toute leur discipline, la supériorité de leur armement et l'habileté de leur chef pour l'emporter sur les barbares, et Théodore n'hésita pas à accorder la paix à Firmus dans l'intérêt de l'empire. Mais cette paix ne fut qu'une trêve promptement rompue, par suite de la méfiance mutuelle.

Ce fut une guerre sanglante, terrible, implacable cette fois. L'histoire nous montre Théodore, torturant, mutilant ou brûlant vifs ses prisonniers. Tantôt victorieux, tantôt vaincu, marchant souvent en avant, mais parfois battant en retraite au milieu d'ennemis qui se ruaient sur lui en poussant des clameurs effroyables. Le général romain cherchait son salut dans d'habiles manœuvres de stratégie. Firmus se montrait partout où était le danger. Théodore est battu en plusieurs rencontres, à la veille d'être fait prisonnier ; cependant il ne se rebute pas et deux ans lui suffisent à peine pour amener à composition les tribus des Jésalènes et des Flissas. Il restait les Jubalènes à vaincre et Firmus à saisir. Il ne se laissa pas prendre vivant et s'étrangla lui-même. Quant aux Jubalènes, dignes devanciers des Zouaouas, ils ne se rendirent pas, et tous les efforts de Théodore pour les soumettre, restèrent impuissants. Ce fut la dernière apparition des cohortes impériales dans la Grande Kabylie. L'énergie et le talent du général romain devaient être impuissants à relever le prestige de sa nation en Afrique. Et d'ailleurs, devenu bientôt suspect au gouvernement impérial, il fut rappelé à Carthage, condamné à mort et exécuté.

Après lui, Gildon, frère de Firmus, obtint de Rome le gouvernement général de l'Afrique ; mais au bout de douze ans, il se déclara souverain du pays et les légions romaines vinrent de nouveau porter leurs armes dans la province de Tunis. Mascizels autrefois l'ennemi des Romains et également frère de Firmus, se mit à la tête des légions, et se couvrit de gloire dans la guerre contre son frère qu'il haïssait mortellement. Gildon fut vaincu et conduit prisonnier à Rome, après avoir été abandonné de tous les siens. Il se donna la mort dans sa prison. Quant à Mascizel, il était trop grandi par sa victoire pour que Rome ne se lassât pas vite d'avoir à lui être reconnaissante. Venu à Milan pour recevoir les honneurs qui lui avaient été promis il périt obscurément dans la rivière Olona, victime des satellites de Stilicon.

Depuis cette dernière tentative d'indépendance de Gildon, les troupes romaines ne purent plus réussir à imposer leurs lois. Armée dégénérée, les romains ne purent même pas tenir tête aux Vandales qui, vingt ans après, pénétraient en Afrique.

Aux époques byzantine et vandale, il n'y a pas lieu de s'arrêter, car les peuplades du Djurjura semblent tout à fait ignorées des historiens du moyen âge, et les généraux byzantins n'essayèrent même pas de pénétrer dans ces montagnes. Quant aux Vandales, tous cavaliers, ne sachant pas combattre à pied, ni tirer de l'arc, ni lancer les javelots, les pentes abruptes et escarpées de l'Aurès, les empêchèrent d'y porter la guerre, et le massif djurjurien, plus éloigné d'eux encore resta à l'abri de leurs attaques.

Sous la domination arabe, ce sont encore bien nos montagnards djurjuriens que ces terribles Zouaouas, cités par l'historien arabe Ibn-Khaldoun, comme ayant d'ancienne date tenu un rang très distingué en temps de guerre aussi bien qu'en temps de paix. Leur territoire est situé, dit-il, dans la province de Bougie. Ils habitent au milieu de précipices formés par des montagnes tellement élevées, que la vue en est éblouie, et tellement boisées qu'un voyageur ne saurait y trouver son chemin. Ainsi les Beni Fraoucen et les Beni-Iratem, occupent les massifs situés entre

Bougie et Dellys. C'est une de leurs retraites les plus difficiles à aborder et les plus faciles à défendre. De là, ils bravent la puissance du gouvernement, et quand le sultan de Bougie leur réclame l'impôt, ils se révoltent, car ils sont bien sûrs de n'avoir rien à craindre dans leurs montagnes. Ibn Khaldoun énumère alors douze tribus, qu'il désigne comme les tribus zouaviennes les plus marquantes, et c'est chose curieuse de constater en les lisant, que les noms des tribus de cette époque se sont intégralement conservés jusqu'à nos jours.

Sous le régime turc, on reconnaît aisément les Kabyles dans ce tableau que fait d'eux et de leurs montagnes l'historien Marmol au XVIe siècle : « Sur la frontière des plaines d'Alger qu'on nomme le Meticha ou Mitidjha du côté du midi et du levant, sont plusieurs montagnes peuplées d'Azuagues ou Ag-Aoua, gens belliqueux qui vivent la plupart du temps sans reconnaître aucun seigneur, ni payer tribut à personne. Ils ont guerre perpétuelle entre eux ; mais ils ont de certaines foires libres pour le commerce où ils se rendent sans crainte. Entre ces montagnes qui sortent toutes du Grand Atlas, il y en a une qu'on appelle Cuco, du nom d'une ville qui y est située. Cette montagne est fort haute et escarpée à dix-huit lieues d'Alger entre le levant et le midi, à quinze de Bougie du côté du couchant, et à quatre de la montagne de la Abès, dont elle n'est séparée que par la rivière de Bougie. On y trouve plusieurs vergers qui portent toutes sortes de fruits et d'où l'on tire quantité d'huile. Entre ces barbares sont plusieurs faiseurs de poudre, parce qu'ils ont des mines de salpêtre ; ils ont aussi de bons armuriers qui font des poignards, des épées, et des fers de lance. Ce ne sont, de tous côtés dans la province de Bougie, que montagnes escarpées où habitent des Aznageses fort vaillants, et ces montagnes sont si sauvages et d'une avenue si difficille, que la plupart des peuples s'y maintiennent en liberté, sans se soucier de la puissance des rois... La rivière de Bougie passe sur la pente de la montagne dont les habitants se vantent d'être chrétiens d'origine et sont fort ennemis des Arabes. D'ailleurs, par un ancien usage, ils se font une croix bleue à la joue ou à la main, sans autre raison, à ce qu'ils croient, que de marquer leur origine. »

Les Turcs, en prenant possession de l'Algérie, relevèrent quelques forts dans l'intérieur du pays ; Bordj-Sebaou et Bordj Tiziouzou sur le versant nord du Djurjura ; Bordj-Bouïra de l'autre côté, mais ils ne purent jamais obtenir de soumission formelle et durable.

La race Kabyle est très mélangée et n'a pas conservé le type primitif, car il est à peu près certain que les montagnes du Djurjura et les tribus de Quinquagentiens, ont donné refuge à plus d'un déserteur des légions romaines, à nombre de Vandales qui échappèrent aux armées de Bélisaire et à des Arabes même ; mais qu'importe, si des preuves sérieuses nous témoignent que les éléments étrangers s'absorbèrent dans une race vivace et primitive dont la fixité est restée sans atteinte, et dont la langue, le caractère, la nationalité, se sont transmis inaltérés jusqu'à nous ?

Dans le Djurjura, comme chez les Touaregs avec qui les Kabyles ont beaucoup de ressemblance, la loi civile est l'ada ou la coutume transmise traditionnellement d'âge en âge.

Les Kabyles n'infligent au nom de la société, ni la prison, ni la peine de mort; ils laissent en cas de meurtre, aux parents de la victime le droit de représailles. Ils sont d'une race forte et robuste, intelligente et industrieuse, active et résolue; ils détestent le mensonge, mais ils sont fins et rusés; ils aiment la guerre par point d'honneur, et l'éloquence dans les assemblées, font de grands repas de viandes aux jours de fête. Ils ne sont ni chauds musulmans, ni portés à la polygamie quoique leurs lois et leurs coutumes leur permettent de prendre plusieurs femmes, mais il n'y a guère que les chefs et les riches qui en profitent.

Le Kabyle est courageux, et pour combattre, a conservé la tactique et les habitudes des numides d'autrefois. Ce sont toujours des excursions vives et soudaines; puis des attaques, des pillages de bourgades ou de camps, des surprises répétées, des coups de mains vigoureux, des embuscades hardies. Ce qu'il lui faut à lui, c'est d'attaquer et de fuir tour à tour, de diviser ses forces pour harceler l'ennemi, de se jouer de ses manœuvres, et même battu, de fatiguer son vainqueur en poursuites infructueuses. Aujourd'hui, comme au temps de Micipsa, de Massinissa, et Tacfarinas, pour nos Kabyles, fuir n'est pas une honte, c'est une manœuvre ; combattre en bandes détachées, harceler et surprendre l'ennemi, c'est encore un trait fidèle de la race, qui a si longtemps lutté contre nos troupes.

Le Kabyle est aussi orgueilleux que courageux et ne doute de rien. Il nous rappelle le héros de ce petit conte moderne si souvent répété dans les tribus Djurjuriennes : « Un homme de la tribu des Aït-Djennad passait à gué le Sébaou que les pluies avaient grossi. Entraîné par le courant, le Kabyle ne s'effraie pas, mais se fâche, et tirant son sabre, il dit au fleuve : Est-ce que par hasard tu oserais engloutir un citoyen des Aït-Djennad ?...

A ce trait distinctif de leur caractère, on pourrait en ajouter mille autres. Le Kabyle est adroit, et les montagnards si habiles autrefois à lancer des traits n'ont pas perdu leur adresse, car ils se servent de l'arme à feu avec une précision extrême et leur tir est d'une justesse excessive. Quand on a entendu leur cri de guerre, on ne l'oublie point : c'est une clameur immense qui devient le signal d'une fusillade meurtrière et, selon leur usage, c'est toujours la nuit qu'ils attaquent. La furie qu'ils déploient dans le combat est connue de nos soldats d'Afrique et nos expéditions de la Grande Kabylie ont laissé, dans les fastes militaires de l'Algérie, de glorieuses mais de bien tristes pages. Avec le Kabyle, malheur à l'ennemi qui bat en retraite, car alors on perd plus d'hommes en une heure que pendant toute une journée de combat.

Les Kabyles sont hospitaliers, industrieux et sédentaires. La plus grande partie des habitants du Djurjura sont cultivateurs par goût et par naissance ; et le sol ingrat pour les Arabes, se montre pour eux d'une rare fertilité, car ils sont fort laborieux. Ceux qui ne sont pas agriculteurs fabriquent de l'huile, du savon noir avec l'huile d'olive et la cendre du laurier rose, tressent des paniers, confectionnent des nattes en palmier nain, filent des cordes en poils de chèvre, et font même de la fausse monnaie. La fabrication de la poudre est concentrée dans la tribu des Reboulos et à Tablabel chez les Beni-Raten ; les Flissas font l'arme blanche, les Beni-Abbas, le fusil tout entier. Chez ces derniers, on trouve la curieuse ville de Kuelaâ, divisée en quatre quartiers, sur une plate-forme, où l'on ne peut parvenir que par un chemin qui serpente au sommet de crêtes étroites. Chez les Fenagas, sont les restes d'une ville antique dont les remparts sont conservés et où l'on voit debout une statue colossale. Les Beni-Oudjal ont aussi les ruines d'une ville.

La totalité des tribus qui occupent le versant septentrional du Djurjura est de 197 villages qui peuvent mettre 21,000 hommes sous les armes. Le colonel Daumas, dans son bel ouvrage sur la grande Kabylie, appelle ce pays la Suisse sauvage. Sur le versant méridional, il y a plus de 500 villages ou hameaux. Le véritable Zouaoua est l'Auvergnat de l'Algérie; il s'expatrie en jouant de la flûte pour gagner un petit pécule. Dans tout le pays, il y a des métiers à tisser et des fabriques de fers à cheval, de socs de charrue et de ferrures pour les portes. Dans les tribus circulent des colporteurs de tissus et d'objets de mercerie, de quincaillerie et de droguerie en tous genres, fournis par l'entrepôt d'Aït-Hali-ou-Harzou. Les transactions se font par échange de produits agricoles. Les Beni-Atteli font du savon ; les Aguacha, des ustensiles en bois, les Beni-Frah, des ouvrages en argent. Dans certaines tribus on confectionne des bijoux ; à Taddet-ou-Fellah, les habitants font de la chandelle, et à Gouadefel on fabrique des semelles de cuir. Dans l'ancien Kaïdat de Guechtoula se trouve le fameux tombeau du marabout Sidi Abder-Rahman.

A l'époque où je visitais le pays, la saison était rude sur la montagne ; je laissai Fort Napoléon dans le froid d'une pluie neigeuse, et je descendis avec Mustapha et un officier d'état-major qui se rendait à Alger, comme du sein des nuages, pour saluer, après trois heures de marche, le soleil et l'éternelle verdure sur les coteaux touffus de Djemâ-Sâridj, un vrai jardin, la pépinière du Djurjura. Les notables du lieu aiment beaucoup à causer ; si l'on veut voir les ruines, chaque habitant les peut montrer, ils vivent dessus. Du côté de l'est, c'est-à-dire de la montagne, elles se réduisent à peu de chose ; sur une butte, apparaît seule une sorte de citadelle dont subsistent quelques pans de mur, larges d'un mètre et bâtis en moellons. Mais dans la partie ouest, on remarque plusieurs bassins, diverses maisons construites avec des débris antiques, çà et là de grands blocs de pierres taillées, et même des mosaïques trouvées dans les fouilles. Enfin à l'entrée du village, des dalles empierrant une route laissent croire à une amorce de voie romaine, et en effet les auteurs latins mentionnent un itinéraire partant de Dellys et se bifurquant à Djemâ-Sârid pour aller vers Bougie par deux voies différentes.

Nous traversons successivement les villages de Souk-el-Tléta, d'Akbou, de Bou-Sahel, et sur le chemin d'Iril Guefri à Tala-Amara, nous rencontrons des tombeaux romains bien conservés qu'on avait d'abord pris pour les restes d'un poste militaire. Non loin de Takbout, sur le monticule d'Abbekor, derrière un rempart séculaire d'oliviers, se montrent les ruines les mieux conservées de toute la Kabylie ; c'est encore un tombeau appartenant à la famille Abbekor qui prétend comme les Aït Bida, descendre des Romains. A Imakouda, chez les Aït Ouaguenoun, apparaissent les débris d'une citadelle ; et à Chebel chez les Aït Roubri, à Ksar-Kebouch, on trouve les vestiges de forts ou portes romaines.

Nous ne nous arrêtâmes pas à Dra-el-Mizan qui est peu peuplé et n'est qu'une suite du Djurjura et de la Kabylie ; nous couchâmes le soir à Tizi-Ouzou. Comme le fort Napoléon, Tizi-Ouzou est plutôt un fort qu'un village, mais sa position est admirable. Situé au milieu d'un pays excessivement fertile, sur la route qui relie Alger à Bougie, il domine le cours du Sébaou et adossé aux contre-forts du Djurjura, il est appelé à devenir, par la suite, un centre important de population et de commerce. Déjà aujourd'hui on y voit de nombreuses maisons et pourtant en 1851, ce n'était qu'un bordj abandonné dont le maréchal Randon comprit l'importance et qui fut rapidement édifié et fortifié.

Mais c'est surtout depuis 1857 et la campagne de la Grande Kabylie, que Tizi-Ouzou a pris le plus de développement. Il y a là, comme au fort Napoléon, manutention, casernes, magasins, ambulances, logements d'officiers, etc., et des approvisionnements nombreux y sont déposés, suffisant pour entretenir durant trois mois une colonne de 8,000 hommes.

La garnison est de 2,600 hommes et la population européenne de 3 à 400 personnes. Nous fûmes bien accueillis par le commandant du fort qui nous offrit l'hospitalité, et si gracieusement, que j'en conserverai un éternel souvenir. Il voulait nous garder plusieurs jours, mais j'avais hâte de voir Alger, qui était l'objet de tous mes désirs. Je le remerciai donc de son offre obligeante et nous partîmes dès le lendemain pour Dellys.

CHAPITRE X

Arrivée à Dellys. — Alger. — Histoire et physionomie de la ville.

La pointe de Dellys est longue, étroite et couverte de tombeaux que domine un marabout. Elle s'avance comme un môle pour protéger le mouillage de Dellys contre la mer et les vents d'Ouest. Quelques rochers peu élevés au-dessus de l'eau, et placés dans la même direction que la pointe, la protègent encore d'environ une encablûre et demie. Les bords de la mer sont remarquables par la manière et les soins avec lesquels ils sont cultivés : c'est une suite de jardins d'un aspect fort agréable, qui annonce chez les habitants des campagnes, de l'ordre, de l'industrie et l'amour du repos.

Lorsqu'on double la pointe de Dellys, on aperçoit dans l'intérieur des terres, une montagne isolée nommée le pic des Béni-Sliem. Son sommet est facile à reconnaître, parce qu'il montre une excavation semblable au cratère d'un volcan. La nouvelle ville est bâtie sur un plateau au bord de la mer. Les maisons mauresques y sont en mauvais état et blanchies fraîchement à la chaux. Entre les deux villes on voit la maison du bureau arabe, l'hôpital Neuf, la nouvelle mosquée. Des crêtes assez élevées qui séparent les deux villes du Beni-Chour et dominent l'Oued-Nessa encadrent au sud le paysage.

Les ruines romaines trouvées à Dellys ont dû faire croire que cette ville occupait l'emplacement de la colonie désignée sous le nom de Rusuccurus ; mais une exploration récente faite au cap Tedlès a démontré le contraire, car on voit encore là des restes de quai, les ruines de deux temples dont la voûte de l'un était soutenue par quinze colonnes doubles ; celles d'un cirque, d'un château d'eau, de citernes etc. A Dellys on a découvert en 1857 un superbe sarcophage en marbre blanc, dont la partie antérieure présente en bas-relief les épisodes de la carrière médicale d'un professeur célèbre dont le squelette était encore dans ce monument qui est un des plus beaux de cette espèce.

On a déposé ces restes au musée d'Alger.

Dellys ancienne capitale de Kair-Eddin Barberousse, lorsque son frère régnait à Alger, est devenue ville française depuis le 7 mai 1844, et a toujours été tranquille jusqu'à nos jours. Sa population est d'environ 3000 âmes dont un tiers d'Européens et la garnison de 2000 hommes. Il y a une paroisse catholique et un muphti musulman. On y voit cinq portes : celles d'Alger, d'Isly, d'Aumale, des Jardins et d'Assouaf. Les rues principales sont : la rue d'Alger, la rue d'Isly, la rue Mogador, et celle de la Marine qui mènent à la place de l'Eglise et à celle du Marché. Quant à la ville arabe, elle est comme toutes les autres : maisons entassées, sales, mal bâties et mal distribuées, les rues sont étroites, tortueuses, boueuses et remplies de fumier.

La mosquée est fort jolie et la ville possède un phare, une école, des hôtels, des cafés, un abattoir et un marché. L'industrie y a établi des fours à chaux et des briquetteries.

Le pays est un des plus sains et des plus pittoresques de l'Algérie ; des sites variés et très rapprochés les uns des autres rendent la promenade délicieuse et le paysage prend un aspect nouveau à chaque instant. A l'est et au sud de la ville, le sol est couvert de roches en forme de cailloux qu'on ne trouve qu'à la surface sur une étendue de 1 kil.; la culture empiète tous les jours sur leur domaine. Aux pieds même des remparts sont parsemés des masses de quartzites et des blocs de pierres lithographiques, et des études récentes de géologie ont prouvé que le terrain des environs de Dellys est moitié d'origine ignée, moitié d'origine aqueuse. On y a trouvé des mosaïques, des médailles, des amphores et des statues en creusant les fondations de l'hôpital et de la mosquée. A l'ouest on voit de magnifiques jardins et de belles maisons de plaisance au milieu d'ombrages délicieux.

Dellys est le centre du commerce de la Kabylie et on voit dans ses environs des marchés fort célèbres. Aïn-el-Arba, Djemâ-Sâridj, Ell-Sebt, les Issers, réunissent quatre fois par semaine de 4 à 5000 marchands ou acheteurs. L'industrie n'y est pas grande, mais aux environs de la ville, on a entrepris l'exploitation d'une houillère qui promet d'excellents résultats.

Nous profitâmes du passage du paquebot à vapeur le Zouave qui se rendait à Alger, pour nous embarquer aussitôt. La durée du voyage n'est que de sept heures, et il était deux heures de l'après-midi lorsque nous aperçûmes la ville.

Alger, en arabe Aldgésaïr, vu de la mer, présente un vaste amas de constructions qu'on aperçoit de fort loin. Cette agglomération affecte l'apparence d'un grand triangle incliné sur une pente exposée à l'orient. La tour du phare se distingue d'abord à la base de cette figure triangulaire, qui s'étend le long de la plage, et dont le sommet à 118 m. au-dessus du niveau de la mer, est couronné par le château de la Kasbah. La nouvelle enceinte des remparts, vers le haut de la ville, n'enveloppe encore que des terrains vagues et extrêmement accidentés. A droite du spectateur, la salpétrière et l'hôpital du Dey déploient leurs vastes bâtiments. Le quartier de Bab-el-Oued étale ses usines nombreuses que domine le mont Bou-Zaréa ; plus près encore de la ville on aperçoit le jardin Marengo, rendez-vous de la société élégante d'Alger, véritable bois de Boulogne, du Paris africain. A gauche le quartier de l'Agha prolonge fort loin sur la côte l'ancien faubourg, dont les constructions importantes comprises aujourd'hui dans Alger, s'arrêtent au fort Bab-Azoun, assis sur un écueil, au-dessus duquel apparaît le fort l'Empereur si célèbre dans l'histoire du pays.

Dans cette direction, en face de la ville, les côteaux en descendant graduellement, vont s'éteindre aux abords de la plaine de la Mitidjah et se relever un peu pour former le cap Matifou. De nombreuses maisons de campagne, assises sur les pentes verdoyantes de ces collines, bordent le golfe que forme la côte. Le col du Mouzaïa, étend son sombre rideau au deuxième plan, et en troisième ligne on voit au loin se dessiner les cimes neigeuses du Djurjura.

Alger est bâti en amphithéâtre et ce qui en fait surtout le charme c'est sa construction demi-française, demi-orientale. La vue de ces minarets, de ces clochers, de ces toits en terrasse, de cette verdure, tout lui donne un aspect unique au monde et avant même d'être à terre, on soupire après l'instant où l'on pourra contempler à son aise, la beauté de cette cité. Aussi, combien le temps me durait de débarquer, et que j'étais impatient pendant que s'opéraient les visites de la Santé, de la douane, etc.

Enfin, nous descendons au nouveau quai. Le port est entièrement artificiel et ne se composait en 1830 que d'une jetée d'environ 200 mètres, bâtie par Barberousse en 1518, qui rattachait la ville au château du phare.

Ce fort fut bâti par Pierre de Navarre; il est élevé sur un groupe de rochers, qui prolonge un coude et revient vers la ville. Entre ces extrémités où sont les forges de l'artillerie et du génie, et l'avancée où se trouve le bureau de la santé, est l'entrée du vieux port dont l'ouverture est de 144 mètres, port qui n'a qu'une profondeur de 3 à 5 mètres et ne contient que des navires de 300 tonneaux au plus.

Le nouveau port a été commencé en 1836

au moyen de blocs de béton, d'un cube énorme qui ont été coulés à une profondeur de 30 à 60 pieds et ont formé une digue appelée aujourd'hui jetée du sud, et à la pointe de laquelle s'élève un fort. Cette jetée à partir du fort Bab-Azoun a une longueur de 1235 m. et se compose de deux branches ; l'une qui va au large, à partir d'un fort dit du Coude, prend la direction du nord-est, et se développe pendant 735 m., coupée par un espace de 60 m. au milieu, afin de faciliter les communications entre la rade et le port. A son musoir se dresse un autre fort. La branche d'enracinement n'a que 500 m. et fait angle avec celle du large.

La longueur des quais, depuis le fond du port jusqu'à la Santé, et de ce point jusqu'à la rampe de Bab-Azoun est de 700 mètres. Les quais sont larges et commodes pour les navires. Au milieu du port s'élève sur un rocher la batterie de El-Djefna et entre la jetée nord et l'ancien port on trouve d'autres batteries formidables défendant la baie.

Tous ces bâtiments fortifiés sont occupés par l'administration de la Marine qui a su les utiliser, pour magasins, pour ateliers, bureaux et logements. En avant du quai se font les réparations des navires de l'Etat.

Au point le plus avancé vers le nord, le château du phare est élevé sur les fondations de la forteresse espagnole dite le Pignon, prise en 1520, par Kaïr Eddin, Barberousse. La construction actuelle est l'œuvre de son fils Hassan-Pacha. La tour est octogone. Le phare a 35 m. de hauteur au-dessus de la mer et est éclairé par un feu tournant de quatrième grandeur dont la portée est de cinq lieues. Une partie de l'avancée du château, du côté de la ville, une caserne adjacente et les bureaux de la Marine ont sauté en 1845 lors de l'explosion d'un ancien magasin à poudre dont on ignorait l'existence. Des batteries et un parc d'artillerie occupent l'intérieur du fort.

Au fond du port, près du château du phare est un débarcadère voûté, au-dessus duquel se voit un pavillon carré couronné d'une coupole. Il a été bâti par Hussein, le dernier dey d'Alger et sert à l'habitation de l'amiral commandant notre Marine. Au-dessus de cette construction, on voit des hampes de pavillon pour les signaux ; l'état-major de la Marine et le tribunal maritime commercial occupent les maisons voisines. Dans cette direction se trouvent également les bureaux de l'inscription maritime et de la direction du port et des armements, des postes de service, des magasins de campement, des entrepôts de subsistances, et des parcs de matériel du génie. Le corps de garde des douaniers et les bureaux de l'administration des douanes sont situés tout auprès vers la porte de la marine.

Le quai est orné de deux belles fontaines en marbre, et sur un petit môle apparaît un monument, à l'instar d'un temple grec, orné de festons et de colonnes.

Cet édifice est affecté au service sanitaire. Plus loin est une petite pyramide en marbre blanc, ornée de couronnes de chêne et de lauriers, dont le socle accosté de deux bassins et de têtes d'anubis, en bronze, a été disposé à l'usage de fontaine. Cet espèce de cénotaphe est élevé à la mémoire de Charles de Lyvois, capitaine d'artillerie, mort à 33 ans, victime de son dévouement, pendant la tempête du 11 février 1835, où périrent dans le port quatorze navires de commerce.

En suivant le nouveau quai, on longe les bureaux pour la navigation, l'entrepôt des douanes, les bureaux des Messageries maritimes, la succursale de l'usine à gaz de l'Agha et divers magasins centraux. Tout ce parcours est dominé par les maisons qui sont construites dans la rue de la Marine, par les galères, les mosquées et les balustrades de la place du Gouvernement.

La ville d'Alger a deux enceintes ; les anciens remparts et les nouveaux qui doublent l'étendue de la cité.

Hassan éleva le mur long de 900 mètres, fit creuser les fossés remplis de verdure et de jardins qui enveloppent encore Alger de la Kasbah au fort neuf. Cette muraille, double et triple en certains endroits est couronnée de créneaux percés de meurtrières et coiffés d'un sommet en triangle qui leur donne l'apparence de guérites en pierre. Les anciens remparts avaient cinq portes, il n'en reste plus que trois aujourd'hui.

Celle de la Marine, devenue corps de garde de la douane et dont les murs extérieurs sont ornés à la façon mauresque et reproduisent, en une sculpture peinte et fort réduite de dimensions, la vaste fresque qui jadis étalait l'écusson armorié de la ville ; celle de la pêcherie qui n'est plus qu'un magasin et un restaurant maltais ; et enfin la porte Neuve qui tombe en ruines. C'est là que les esclaves étaient lancés sur la *glanche*, appareil de grands hameçons de fer, fixés aux talus des remparts.

La nouvelle enceinte commence au-dessus de la Kasbah et du quartier des Tagarins et descend vers la mer du fort Bab-Azoun à la plage de Bab-el-Oued. Les remparts bâtis en pierre, soutiennent des boulevards sinueux plantés d'une double rangée d'arbres et bordés de rigoles maçonnées qui contiennent les eaux descendant le long de cette magnifique promenade, d'où la vue embrasse tout à la fois, la ville entière et le vaste horizon de la mer. Des jardins, des vallons, des fontaines, des maisons champêtres, du côté du sud ; deux grandes routes partant l'une de Bab-

Azoun, l'autre de Bab-el-Oued pour se réunir à la porte du Sahel sont enfermés dans cette défense à laquelle on a ajouté treize forts bastionnés et qui enveloppe également le Fort-Neuf de Bab-el-Oued, ainsi que le fort de Bab-Azoun, qui servent aujourd'hui de pénitenciers militaires.

Les portes de la nouvelle enceinte sont au nombre de six. Les portes de Bab-Azoun, Bab-el-Oued, de Constantine ou d'Isly, du Sahel, de France et Valée.

C'est par la porte de France que nous entrâmes dans la ville et sur l'invitation de mon compagnon de voyage, je me rendis à l'hôtel d'Orient sur la place du Gouvernement où je fis déposer mes bagages, car je voulais demeurer quelques jours dans la capitale de l'Algerie pour en étudier la physionomie et les mœurs des habitants.

Je n'ai pas la prétention de faire ici l'historique d'Alger; ce serait un travail trop long et surtout trop ingrat.

Cependant cette ville a subi tant de vicissitudes, tant de révolutions l'ont agitée, qu'il est bon d'en donner un aperçu pour l'intérêt même du visiteur ou du touriste. Je serai bref, du reste.

Alger fut fondé par les Berbères Mosgan ou Beni-Mezarhanna et par des compagnons d'Hercule le Lybien, qui au nombre de vingt, quittèrent ce héros et se fixèrent dans cet endroit qu'on nomma plus tard Icosium de leur nombre (Εικοσι, vingt), les romains ayant latinisé le mot grec.

Icosium fit partie de la Mauritanie Césarienne, et à la chute de l'empire devint la proie d'un chef Vandale qui la détruisit complètement, mais elle se releva bientôt de ses ruines, et à l'époque de l'invasion arabe, devint Mezarrhanna, et dépendit pendant bien longtemps du royaume de Tlemcen, faisant l'apanage du second fils du roi. Lorsque les souverains de Tunis eurent conquis Tlemcen et transporté à Bougie les privilèges de Mezarhanna, les habitants de cette dernière ville moyennant un tribu qu'ils payèrent se trouvèrent libres, et se déclarèrent indépendants. Bientôt ils armèrent des navires pour faire la course et leurs brigandages mirent la désotion sur tout le littoral de la Méditerranée.

C'est alors que Pierre de Navarre, sous le règne de Ferdinand V, pour arrêter ces corsaires vint avec les Espagnols élever le fort dit Du Pignon sur un des îlots situé en face de la ville connue alors sous le nom de Djezaïr beni Mezarhanna d'où par abréviation l'on fit plus tard El-Djezaïr.

Hariaden Barberousse appelé en 1513 au secours de Selim-el-Teuni roi d'El-Djézaïr, fit étrangler au bain ce prince dont il fit pendre le cadavre à la porte Bab-Azoun et se déclara roi d'Alger. Quelques mois plus tard il battait les Espagnols conduits par le fils de Sélim et don Diégo de Vera, et les anéantissait, ce qui consolida son pouvoir. Son frère Kaïr Eddin qui lui succéda eut encore plus de succès. Il vainquit Hugues de Moncade qu'il réduisit en esclavage avec son armée, s'empara de la forteresse Du Pignon en 1520 et fit construire l'ancien port par 30,000 esclaves chrétiens. Lorsqu'il fut nommé grand amiral des flottes de Soliman le Magnifique, il fut remplacé à Alger par l'Eunuque Hassan qui battit l'empereur Charles-Quint, conquit Biskara, Mostaganem et Tlemcen et mourut couvert de gloire et redouté de tous, à l'âge de 56 ans. Hassan Pacha fils de Kaïr Eddin fut son successeur, vainquit le shérif du Maroc qu'il fit décapiter. Quatre fois rappelé à Constantinople, quatre fois il revint au pouvoir dont il se montra toujours digne par ses talents et son courage. Après lui vinrent Salah-Raïs, Mohammed Kordougli qui fut assassiné dans le marabout de Sidi Ab-del Kadder el Dijlani, à la porte Bab-Azoun, Mohammed fils de Salia Reis destitué en 1567 et remplacé par Ali Fartiz. Celui-ci, fameux corsaire, se distingua à Lépante, où il commandait la flotte musulmane et ravit à la galère capitane de Malte la statue de St Jean qui en décorait la proue et qu'il fit pendre à la porte de la Marine à Alger.

On cite ensuite Hassan le Vénitien célèbre renégat qui pilla les côtes d'Espagne d'Italie, de Sicile et de Sardaigne; Memmy et Achmed Turki qui passèrent du gouvernement d'Alger à celui de Tunis; Chaban et Mustapha; Hussein et Scheik qui conclut avec Louis XIII un traité de commerce. A cette époque Alger fut tour à tour bloqué par

M. de Beaulieu et l'escadre française en 1617, par l'amiral anglais Robert Mansel en 1620; par l'amiral hollandais Lambérit en 1624. Deux ans après en 1626 les Koulouglis, ou fils des Turcs exclus des emplois se révoltèrent et furent tous massacrés; alors commença l'anarchie des janissaires qui faisaient et défaisaient les pachas à leur volonté. La piraterie se montra pire qu'elle n'avait jamais été jusque-là. En même temps, la disette désolait le pays et les pachas aggravant les maux de la Régence frappaient des contributions excessives. Ce fut une époque désastreuse pour Alger.

En 1631 et 1634 le feu prit à la Kasbah; en 1637 le pacha Ali fut fait prisonnier par les Français en venant de Constantinople. Un tremblement de terre renversa la ville presque entière et les Algériens furent battus sur terre par leurs voisins de Constantine, sur mer par les Vénitiens. Les janissaires se révoltèrent de nouveau et les esclaves brisant leurs fers se livrèrent à tous les excès pendant que la peste ravageait le pays. Les pachas Ismaïl, Ramdon, Chaban, Ali furent tour à tour massacrés au milieu du divan.

En 1671 nouvelles révoltes des janissaires qui sous le titre de dey nomment au pouvoir l'un d'eux Hadji-Mohammed, mais les amiraux anglais et hollandais, Edouard Spray et Ruyter ayant bloqué le port d'Alger, le dey épouvanté s'enfuit à Tripoli, après avoir vu sauter la poudrière et incendier une partie de la ville. Baba Hassan qui le remplaça ne fut pas plus heureux que lui. La ville fut bombardée par Duquesne et il fut poignardé par Mezzo Morto. Celui-ci féroce et sanguinaire avait juré de s'ensevelir sous les ruines de la ville, et pour commencer fit massacrer 25 chrétiens notables et mettre à la bouche d'un canon le P. Levacher consul de France. Mezzo-Morto disparut tout à coup de la scène politique et à partir de ce moment pendant les dernières années du XVIIe siècle ce ne sont que des assassinats qui s'alternent avec des combats contre Tunis et le Maroc. En 1700 les Anglais viennent couler des frégates dans le port; la population d'Alger est décimée par la peste, et les deys subissent le cordon, l'exil ou la prison lorsqu'ils ne sont pas en mesure de payer leurs troupes. En 1716 un nouveau tremblement de terre détruit tout Alger. Mohammed Effendi est tué d'un coup de fusil en 1724 à la porte de la Marine. En 1726 des froids excessifs se firent sentir. En 1732 à la mort du dey Carabdy, six deys sont élus dans la même matinée et assassinés tous les six ; le septième Ibrahim réussit à rester au pouvoir. Ibrahim Kasnadji son successeur fit deux expéditions heureuses contre Tunis et Tlemcen.

On voit encore Alger investi par une escadre française en 1766 et le dey Ali obligé de faire des excuses au chevalier de Fabry. Les Danois en 1770, les Espagnols en 1775, sous le dey Mohammed ben Othman, font des démonstrations vaines contre la ville. O'Reilly général des Espagnols perdit près de 4000 hommes dans un combat à Mustapha, mais pour se venger revint bombarder Alger, avec l'amiral Barcelo en 1783 et 1784. En 1804 l'amiral Nelson vient menacer la ville avec une flotte formidable, peu de temps avant le désastre de Trafalgar. Quatre deys qui se succédèrent de 1808 à 1815, Achmed, Ali Kodja,

Hadj-Ali et Mohammed Kasnadji furent étranglés, les uns après les autres. Omar Agha, resta enfin au pouvoir et sous son règne, en 1816, lord Exmouth vint bombarder la ville de concert avec les Hollandais. Omar fut étranglé en 1817. Ali Kodja le remplaça et mourut de la peste en 1818. Hussein fut élu à sa place...

En 1820 la France devait 7 millions à des commerçants algériens, car c'était une maison d'Alger qui avait fourni les approvisionnements nécessaires à l'armée pour la campagne d'Egypte, et Napoléon I, en faisant la paix avec le dey Mustapha en 1801, avait garanti le paiement envers la maison Busnach d'Alger. Absorbé par ses campagnes, l'empereur avait oublié cette clause du traité qu'il avait sanctionné, et Louis XVIII à son avènement décida que la somme serait payée aux créanciers, moins certaines déductions pour les frais. De nombreux procès surgirent et en 1825, la justice n'avait pas encore prononcé son dernier mot. Hussein, qui ne pouvait comprendre la lenteur de notre procédure, habitué qu'il était à son pouvoir absolu, s'en irrita et ses relations avec la France devinrent difficiles. Il écrivit au gouvernement une lettre peu convenable pour réclamer le paiement de la somme, et au printemps de 1826, il attendait impatiemment la réponse, quand notre consul général M. Duval vint lui rendre ses devoirs, suivant l'usage suivi pour les fêtes musulmanes. Le dey profita de cette entrevue pour renouveler sa réclamation et manifester sa mauvaise humeur. Il alla jusqu'à menacer le consul de la prison si l'argent ne lui arrivait pas dans un bref délai. La discussion devint très vive de part et d'autre ; et Hussein s'emporta tellement, que foulant au pied les convenances et les règles les plus élémentaires du droit international, il frappa M. Duval au visage avec son éventail. Aussitôt celui-ci lui fit observer que l'insulte publique qu'il venait de lui faire ne s'adressait pas à lui, mais remontait à la France et à son souverain. Le dey répondit qu'il ne craignait pas plus le Roi que son Représentant, et il ordonna sur-le-champ au consul de quitter la salle d'audience.

En France, la nouvelle de cet affront excita

une indignation générale ; le gouvernement prescrivit au consul de demander une prompte réparation et de quitter l'Algérie, s'il n'obtenait pas justice. Hussein repoussa tout accommodement ; M. Duval se retira, et le 15 Juin 1827, le commandant Collet commença le blocus du port d'Alger.

Pendant trois ans les hésitations et les lenteurs de la politique prolongèrent ce blocus. Enfin, le 14 juin 1830, une armée de trente mille hommes, commandée par le comte de Bourmont, et une flotte sous les ordres de l'amiral Duperré vinrent mettre le siège devant la ville.

L'armée débarqua à la pointe de Sidi-Ferruch avec un ensemble et une rapidité remarquable, et après une première victoire sur les indigènes, prit possession de la presqu'île où elle s'établit et organisa ses retranchements.

Cinq jours après, nouvelle victoire à Staouéli. Bientôt l'armée française prit l'offensive ; la destruction du fort l'Empereur, que ses défenseurs firent sauter, amena la prise de la ville, et le dey se vit contraint de capituler le 5 juillet 1830. Par cette capitulation le dey eut la permission de se retirer dans une résidence de son choix avec sa famille et ses trésors privés. La flotte composée de 17 bâtiments de guerre, 800 canons, et 55 millions qui composaient le trésor de l'État, tombèrent aux mains du vainqueur. Ainsi se termina après vingt jours de campagne, une expédition qui détruisait le règne de la piraterie, affranchissait la Méditerranée, donnait une vaste contrée à la France, et permettait d'espérer le triomphe de la civilisation en Afrique.

CHAPITRE XI.

Alger et son aspect intérieur. — Description de la ville. — Monuments célèbres. — Maisons — Rues — Places — Passages — Marchés — Eglises — Mosquées — Cimetières. —

Il n'est guère possible à un Français rentrant dans Alger de ne pas éprouver une profonde émotion. La vue de tant de travaux opérés pour transformer une ville barbare en capitale d'une nouvelle France, pénètre l'âme d'un noble attendrissement et d'une généreuse confiance dans le sort d'un pays auquel on est fier d'appartenir.

L'intérieur de la ville d'Alger présente un grand disparate dans son aspect : Ici, des rues larges, bien nivelées, parfaitement alignées, bordées de constructions neuves, à arcades et d'une architecture toute européenne, souvent fort élégante ; là des ruelles étroites et tortueuses, que de vieilles maisons mauresques privent le plus souvent d'air et de clarté, vrais labyrinthes aboutissant toujours à d'infectes impasses, sortes de cloaques.

Du reste, Alger capitale de l'Algérie, de la France africaine, ne semble exister que dans cet espace aplani qui s'étend de Bab-Azoun à Bab-el-Oued. C'était l'espace occupé autrefois par les Romains, et dans le bas quartier, il n'y a aujourd'hui que quatre maisons occupées par les musulmans, et c'est un beau quartier.

Les belles rues sont : la rue de la Marine qui conduit du port à la place du Gouvernement ; la rue Bab-el-Oued, qui est très fréquentée ; la rue Bab-Azoun la plus belle de la ville : ces deux dernières aboutissent également à la place du Gouvernement : on peut encore nommer : la rue de Chartres, toujours encombrée de population : les rues Juba, du vieux Palais, Neuve Jénina, Mahon, Bugeaud, d'Isly, Cléopâtre et de Tanger au nouveau quartier Bab-Azoun, rues qui sont larges et droites et ne seraient pas déplacées dans une grande ville d'Europe. Les rues de la Kasbah, de la Porte-Neuve, de la Lyre et Kléber, des Consuls et Blondel. Si on veut avoir un aperçu de ce qu'était l'Alger des Deys, malgré les changements qui ont été faits depuis 1830, on n'a qu'à visiter la rue Kléber, qui est une rue maure et on pourra avoir une idée des travaux qu'il y a eu à opérer pour transformer Alger en ville européenne.

Les maisons françaises ont une belle apparence. On les voit surtout en grand nombre dans le quartier Bab-Azoun, aux alentours des places d'Isly et du Gouvernement. Ces constructions sont remarquables, avec façades ornées de sculptures, de niches monumentales pour statues, des fenêtres à balcons, des corniches et consoles sculptées; des passages dont l'architecture est assez grandiose en ornent quelques-unes. Les maisons mauresques sont bien autrement riches et curieuses, mais sont bien différentes de nos maisons de France; les maisons de Rome, les anciens monastères, les couvents avec leurs cloîtres pouvaient toutefois en donner une idée.

Elles présentent, à l'extérieur, l'aspect d'une prison : porte de chêne, avec de gros clous en fer, guichets garnis de grilles, murs blanchis, percés de quelques fenêtres fermées par de nombreux barreaux.

Derrière une espèce de poterne, un ou plusieurs vestibules sombres, dont le parallélogramme est bordé de bancs en marbre qui supportent des colonnettes, formant une suite de petites niches. C'est là que les fermiers clients et amis viennent visiter le propriétaire de la maison. Des lampes suspendues par des chaînes à la voûte cintrée, éclairent cette salle d'attente d'où part l'escalier principal qui conduit à une cour carrée pavée de marbre ou de faïence vernissée; cette cour est au milieu d'une galerie de une, deux, trois et quelquefois quatre arcades à ogives sur chacune de ses faces. Des colonnes torses à gracieux chapiteaux, de hauteur d'homme, soutiennent cette galerie dominée par un second péristyle décoré d'une balustrade en bois bien travaillée.

Les appartements de la maison prennent leur entrée sur cette galerie intérieure; les portes sont à deux battants garnis d'une plus petite porte; les fenêtres carrées et défendues par des grilles de cuivre ou de fer sont formées de vitres enchâssées dans des croisées que renforcent des volets de marqueterie. Les chambres sont hautes, étroites et de toute la longueur de chacun des côtés de la maison.

Vis-à-vis de la porte s'enfonce une niche où est ordinairement placé un divan. Vis-à-vis de chaque fenêtre, une retraite du mur ménage parallèlement une petite armoire.

Aux deux bouts de chaque pièce règne à quatre ou cinq pieds au-dessus du sol, une estrade cachée par un rideau pour recevoir les lits, auxquels ont parvient par une échelle.

Quelquefois une étuve avec son plafond en dôme se trouve dans ces habitations, où de nombreuses retraites sont ménagées avec assez d'art. Le toit de l'édifice, où s'ouvre un portique du côté de quelque beau point de vue, est aplani en terrasse.

Toutes les maisons mauresques sont établies sur le même plan et la différence ne consiste que dans la dimension et la magnificence.

Ici, telle partie est en brique, en pierre et

en fer, qui ailleurs est en émail, en marbre et en cuivre admirablement entretenu.

Les habitations de maîtres à la campagne, sont conçues dans le même genre, et répandent aux alentours d'Alger des constructions pittoresques dans des sites choisis avec un rare bonheur. Parmi celles qui sont dignes de l'attention et de l'admiration des visiteurs, on peut citer :

La maison provenant d'Hassan-Pacha, où demeure le gouverneur-général. Les colonnes de marbre blanc à chapiteaux peints et dorés qui forment le péristyle intérieur, aussi bien que les piliers de la salle à manger, sont d'une grande beauté ; une étuve mauresque, en deux cabinets, toute revêtue de marbre de Carrare, et dont le dôme en dentelle de pierre, soutenu par des colonnettes d'albâtre, laisse filtrer le jour à travers des vitraux azurés, se trouve dans un des détours de cette vaste demeure, pleine de réduits mystérieux, habilement ménagés. Les plafonds des appartements, sculptés en bois sont richement coloriés et réhaussés de dorures. Le génie militaire, dans l'intention de donner une façade à cette habitation princière, a construit un bâtiment qui y est annexé, revêtu de marbre blanc et percé de fenêtres dans le goût vénitien, et ce travail a donné à l'hôtel du Gouverneur Général quelques corps de gardes de plus ; un escalier et une grande salle de réception, étouffée par un plafond trop bas, mais meublée avec magnificence.

L'évêché qui s'élève vis-à-vis est remarquable par les délicates dentelles de pierre qui encadrent les ogives et par son double portique, à la galerie supérieure ; un vestibule mauresque, au rez-de-chaussée sert de chapelle. Plus loin dans la rue de l'État-major est la demeure de Mustapha Pacha, vaste établissement où l'on a établi un pensionnat de demoiselles ; à côté est l'intendance militaire, la plus vaste maison mauresque de la ville ; le tribunal et la cour dont l'entrée est rue Bruce ; la direction des domaines rue Porte-Neuve ; la maison du général commandant le génie, rue Philippe, celle du général commandant l'artillerie, rue de la Charte, bâtiments ornés de belles colonnes en marbre blanc qui leur donne l'air de véritables palais.

La demeure du Procureur Général, rue Soggémah possède un beau salon sculpté par M. Latour, en architecture sarrasine, dans le genre de l'Alhambra ; la bibliothèque et le musée rue des Lotophages qui sont entièrement garnis de faïence et d'émaux de couleur, voilà les plus belles constructions d'Alger.

La place du Gouvernement a une longueur d'environ 130 mètres sur une largeur de 75. Elle est traversée par les rues Cléopatre, Bab-Azoun, Bab-el-Oued et de la Marine. En vue de la mer est un espace impénétrable aux voitures et présentant un pentagone irrégulier au-dessus de vastes magasins voutés, affectés aujourd'hui au service des subsistances militaires. On parvient à ces casemates que défend une batterie découverte par une rampe menant également à la Pêcherie. Une double rangée de platanes et des candélabres en bronze éclairés au gaz se dresse vers la mer, et la place à cet endroit est bordée par une balustrade en pierre qui forme deux angles, à l'ouverture de l'un desquels s'élève, sur un piédestal en marbre blanc, la statue équestre du duc d'Orléans fondue avec du bronze provenant des canons pris à Alger.

Cette statue est l'œuvre du sculpteur Marochetti.

Les faces du bas-relief en bronze qui orne le piédestal représentent la prise de la citadelle d'Anvers et le passage du col de Mouzaïa. Au milieu de cette portion de la place est une colonne garnie de quatre appareils d'éclairage. A l'est, la place est plantée d'orangers ; à l'ouest, c'est une promenade ombragée par les mêmes arbres : au milieu un jet d'eau épanche dans une coupe de bronze, une onde qui tombe en cascade dans une vasque de granit.

Quand la nuit on voit, à la lueur du gaz, briller autour de cette élégante fontaine l'eau qui s'élance et tournoie au moindre souffle du vent, à travers les orangers, le spectacle est vraiment féérique, bien qu'il ne soit guère animé que par la portion la plus pauvre de la population qui s'est exclusivement adjugé les reposoirs de ce ravissant oasis.

Chaque heure amène à cet endroit son

genre d'habitués et le costume des personnages y change aussi souvent que l'aspect de la scène toujours grandiose et magnifique.

Le jour, c'est la vue immense de la mer, qui fait miroiter au soleil sa surface d'azur, chargée de paillettes d'or. Le navire à vapeur en exhalant sa fumée quitte le port sous les yeux des hommes oisifs, qui voient au même moment les vaisseaux entrer dans la baie à pleines voiles, se couronner de mille couleurs éclatantes et, tout à coup, enveloppés de blancs nuages, lancer pour salut leurs bordées retentissantes. La ville tout entière s'étage vis-à-vis en amphithéâtre et les coteaux verdoyants de Mustapha, la ligne sombre du Djurjura encadrent ce riche et superbe tableau. Le soir aux sons de la musique militaire, les promeneurs viennent se reposer sur des sièges amoncelés pour leur commodité. Les feux des cafés, les portiques lumineux qui environnent la place l'entourent d'une double guirlande aux chatoyants reflets : cependant d'un côté la cathédrale, de l'autre la Mosquée, se regardant au milieu de cette agitation de plaisirs, semblent inviter à la prière, et lorsqu'on les contemple, l'esprit se recueille et ne peut s'empêcher de s'élever vers Dieu. On peut dire, sans hésiter, que la place du Gouvernement est sous tous les rapports l'une des plus belles du monde. La place Mahon, la place de l'Evêché, celle du Soudan sont assez belles, mais il n'y a rien de bien remarquable.

La place de Chartres qui se rattache à la rue de Bab-Azoun par un escalier très large de 34 marches est bordée d'arcades sur trois de ses faces, et au milieu s'élève une belle fontaine entourée d'arbres ; celle de la Victoire n'est remarquable que par le portique en marbre qui fait face à l'entrée de l'ancien palais du dey et où l'on a établi des écoles.

La place de Bab-el-Oued sert de champ de manœuvre et de champ de foire. Elle est au bord de la mer et on y a établi le parc et l'arsenal de l'artillerie ; c'est là qu'ont lieu les exécutions des condamnés. La place d'Isly est ornée de la statue du maréchal Bugeaud, placée sur un piedestal en granit et défendue par un grillage formé de flèches, de javelots et de piques en faisceau à chaque angle. Elle est fort jolie, et est l'œuvre de M. Dumont de l'Institut.

Entre la rue Mahon et la place du Gouvernement existe le passage la Tour-du-Pin, construit avec la plus grande magnificence et décoré de colonnes et de statues, paré de marbre noir et blanc. Il donne entrée par deux escaliers doubles à l'hôtel de la Régence. Le passage Napoléon traverse les maisons Sarlin Sarlande et compagnie. Recouvert d'un splendide vitrage, orné de sculptures, dallé de marbre, éclairé au gaz avec un superbe éclat et jouissant d'une fraîcheur délicieuse, il est bordé de magnifiques magasins et c'est un des plus beaux ornements de la ville.

Plusieurs autres passages se trouvent encore à Alger, chacun d'eux a sa physionomie spéciale. Le passage d'Orléans est occupé par des Maures brodeurs et marchands d'essences, des tailleurs et revendeurs Juifs. Au milieu est une rotonde couronnée d'une coupole en verre. Le passage du Divan, le passage Salomon sont également habités par des Maures ou des Juifs : il en est de même des passages Narboni et Mantout. Celui du Commerce, est couvert de vitres et bien tenu. C'est là qu'a été établi le cercle du Commerce.

Il me fallut quatre ou cinq jours pour parcourir un peu la ville et y jeter mon coup d'œil. Pour me rendre compte de ce qu'elle était, je me faisais accompagner dans mes excursions par un guide, jeune Maltais parlant fort bien le français et répondant au nom de Georges qui habite l'hôtel d'Orient où il est à la disposition des étrangers, moyennant une légère contribution. Il connaissait parfaitement Alger, et avec lui, je n'avais pas la peine de demander des explications. Il me racontait tout, me faisait tout voir, me disait toutes les légendes, et je n'eus qu'à me louer de l'avoir pris pour cicérone car Alger a aujourd'hui une importance matérielle des plus grandes ; sa population qui n'était en 1857 que 46 000 habitants a plus que doublé depuis cette époque, et j'aurais bien été embarrassé sans guide.

La vie que je menais à Alger était très régulière. Je me levais de bonne heure ;

j'allais faire ma promenade, jusqu'à 10 heures, et je rentrais déjeuner ; après quoi je faisais ma méridienne, je ressortais jusqu'à 6 heures, je dînais et retournais de nouveau à la promenade le soir. Dans un chapitre spécial je parlerai des cafés, concerts et théâtres, des mœurs des habitants, surtout des Arabes dont j'ai fait une étude profonde. Mais revenons aux beautés d'Alger.

La ville est encore bien nouvelle et cependant que de travaux faits depuis 1830 !... Depuis un demi-siècle que de changements.

La cathédrale sur la place de l'Evêché est un temple d'un aspect des plus imposants. L'entrée est un portail décoré de quatre colonnes de marbre noir veiné de blanc, au-dessus de 23 marches de granit, accosté de deux tours assez hautes et d'une belle architecture. La nef dont la voûte est en stuc a été sculptée par MM. Fulsoni et Latour ; elle est soutenue par des colonnes de marbre blanc dans le goût mauresque et ces appuis soutenaient autrefois le dôme d'une belle mosquée qui a fait place à la cathédrale.

On l'appelait la Djema Ketchaoua et elle

a servi de cathédrale pendant plusieurs années.

Il y a trois chapelles à droite et trois à gauche. Dans l'une de celles de droite on voit une statue en bois de la sainte Vierge, délicatement travaillée et couronnée d'un diadème d'argent rapportée de Sébastopol par M. le chanoine G'Salter. Dans une autre s'élève le tombeau en marbre blanc du Vénérable Géronimo. On y lit cette inscription en lettres d'or :

Ossa
Venerabilis servi Dei Geronimo
Qui
Illatam sibi pro fide christianâ mortem opetiisse
Traditur
In arce dicta a vinginti quatuor horis
In quâ insperato reperte
Die XXVII Decembris anno MDCCCLIII

Ce qui signifie :

« Ossements de Geronimo, vénérable serviteur de Dieu, qui, pour la foi chrétienne, a souffert volontiers la mort, selon la tradition, au fort des vingt-quatre heures, où ses restes ont été retrouvés d'une manière inespérée le 27 Décembre 1853. »

Deux plaques de marbre encastrées dans le mur, des deux côtés du tombeau portent, l'une la copie gravée de la bulle qui donne introduction au procès de la béatification du Vénérable Géronimo, l'autre les noms des commissaires d'enquête qui ont vérifié l'identité des restes du martyr.

Geronimo était un Maure baptisé, qui avait été pris par des cavaliers Espagnols d'Oran. Recueilli par un saint prêtre qui l'instruisit et le convertit, il fut rendu à ses parents par des Arabes prisonniers qui parvinrent à s'échapper d'Oran et l'emmenèrent avec eux, et Geronimo reprit son ancien genre de vie. Mais à vingt cinq ans, touché par la grâce, il revint de son plein gré à Oran, où il se réconcilia avec Dieu et se maria avec une jeune mauresque chrétienne comme lui. La guerre étant survenu. Geronimo fut enrôlé dans un escadron levé pour repousser les Arabes, fut blessé et conduit captif à Alger. Il échut en partage au Dey et fut dirigé sur le bagne ; dès qu'on sut son origine et son titre de chrétien, il fut chargé de chaînes et renfermé en prison. On employa tout pour le faire apostasier, mais tout échoua, et le dey furieux résolut de le faire périr d'une mort cruelle. Il faisait alors construire près de la porte Bal-el-Oued le fort des 24 heures qui était bâti en muraille de pisé. On menaça Géromino de l'enterrer vivant dans le mur s'il n'abjurait pas sa foi, et sur son refus, on lui lia les pieds et les mains et on le porta dans la couche de pisé faite la veille où l'on avait ménagé un creux ; là on sauta à pieds joints sur son corps qui fut ensuite recouvert de terre durcie à coups redoublés ; ainsi périt ce glorieux martyr qui mourut sans proférer une plainte et en priant pour ses bourreaux.

Dans la nef de la cathédrale on voit encore une chaire formée avec les marbres qui composaient l'ancienne tribune du muphti musulman. L'église est grande, bien ornée de statues et de tableaux, et possède de magnifiques vitraux. Chaque jour on l'embellit encore, et ce sera certainement un beau monument dans quelques années d'ici.

Le temple protestant, rue de Chartres, ouvre un beau portique composé de quatre colonnes cannelées, de l'ordre toscan, soutenant un fronton. Sur la porte on lit : au Christ Rédempteur. Ce vaisseau d'une simplicité grave, est éclairé par la voûte. C'est un carré long dont trois des côtés sont ornés de colonnes supportant une galerie à pilastres. Au fond de l'édifice, vis-à vis l'entrée, une demi-coupole gigantesque qui creuse toute la surface du quatrième côté, contient la chaire évangélique, bel ouvrage en bois de noyer, précédé d'un pupitre et accosté de deux escaliers. La table de communion en marbre blanc est au-devant. Des stalles et des fauteuils remplissent l'hémicycle. Des tapis et des sièges complètent le mobilier du temple, et les dépendances en sont disposées de manière à offrir des salles d'archives commodes et des logements pour le pasteur et les chantres.

La grande synagogue dans la rue Caton est un bel édifice religieux d'un ensemble parfait et d'une grande importance.

La galerie de 14 arcades sarrasines de

3 mètres d'ouverture chacune qui longe la rue de la Marine, figure les portes de la Grande Mosquée. Elle a été construite par les condamnés militaires, depuis notre occupation, avec les colonnes provenant de la mosquée bâtie par le pacha Ismaïl en 1671, qui occupait une partie du périmètre de la place du Gouvernement. Cette galerie, établie sur une ligne brisée, présente au sommet de l'angle obtus qu'elle forme, un double portique, soutenu par des faisceaux de colonnes. Une coupe en marbre blanc s'élève au-dessus d'un bassin de marbre noir, qui est disposé de manière à se déverser dans une seconde cuve de même matière.

Le théâtre sur la place Bresson est le monument le plus remarquable de la ville. Il a été construit par M. Sarlin sur les plans de MM. Chassériau et Ponsard. Il présente une façade de 30 mètres de largeur, élevée au dessus de 11 marches, accostées de rampes et de candélabres en bronzes. Le gaz est l'éclairage usité dans tout l'édifice. On y a aussi essayé la lumière électrique et les bougies Jablockhoff. Sept portiques donnent entrée dans un vestibule grandiose d'où partent des escaliers d'une grande beauté. Un magnifique foyer qui occupe toute la façade en vue de la mer est éclairé par de doubles fenêtres à entrecolonnement. Au-dessus, s'élève encore un autre foyer, dit des fumeurs, communiquant avec les vastes terrasses qui entourent la voûte de l'édifice, recouverte en zinc. Le bâtiment est complètement isolé. Tout son revêtement extérieur présente un appareil de solides pierres de taille, orné de sculptures; mais ce n'est qu'au frontispice du monument que des statues emblématiques, des mascarons, des marbres encastrés, des corniches festonnées se montrent avec splendeur sous la protection d'un aigle gigantesque qui plane sur tout le monument. L'intérieur de la salle est décoré de peinture, blanc et or et de tapisseries rouges. Le plafond où se suspend un lustre étincelant, imite une coupole azurée fleurie et historiée d'emblèmes. Il y a place pour 1500 spectateurs qui se plaignent parfois de l'exiguité du local et toujours de la perspective et de l'acoustique. Du reste le public algérien est très difficile à satisfaire. Il se pique de goût et de sévérité artistique. Je pus m'en rendre compte moi-même, les différentes fois que j'y allai. On y joue l'opéra la comédie, le drame et le vaudeville.

Un escalier monumental est en construction derrière le théâtre pour mettre la rue de la Lyre en communication avec le bas quartier de la ville.

Outre la cathédrale, il y à trois autres églises à Alger. Notre-Dame des Victoires, à l'angle des rues Bab-el-Oued et de la Kasbah, ancienne mosquée convertie en temple catholique. C'est un dôme entouré de petites coupoles, recouvrant un espace fort insuffisant pour la population de la paroisse. Un chœur y a été bâti, la voûte qui le domine prend jour à travers un grand vitrage de couleur. Les murs sont revêtus d'une boiserie sculptée. Un magnifique autel de marbre blanc, rehaussé d'or a été élevé par souscription des fidèles et au moyen d'une riche offrande de M. le maréchal Pelissier après la prise de Malakoff. Un groupe en pierres reproduisant la sainte Vierge avec son divin fils, d'après le type adopté par l'archiconfrérie centrale de Paris qui en a fait don. Quatorze tableaux peints sur toile avec talent et richement encadrés, autre don fait par les pensionnats et les fidèles de la paroisse, marquent les stations du chemin de la croix.

Sainte-Croix de la Kasbah ou Ara Cœli est une autre mosquée tout aussi grande à l'angle des rues de la Victoire et de la Kasbah.

St-Augustin est une nouvelle église bâtie dans le goût et le style français, au faubourg Bab-Azouin. Les pères Jésuites ont aussi dans leur établissement, rue de la Licorne, plusieurs chapelles très fréquentées. Les Lazaristes de la rue du Vinaigre : en ont également une à côté d'un jardin entretenu. On va continuellement y visiter une imitation du Saint-Sépulcre qui se trouve au pied du grand escalier de la chapelle, et qui mérite d'être vue. Il y a aussi un oratoire chez les Frères de la Doctrine Chrétienne.

Les quatre principales mosquées sont : la grande mosquée ou Djama Kébir, rue de la Marine, dont nous avons déjà décrit la superbe galerie qui sert de portique. C'est un édifice carré dont les nefs sont soutenues de colonnes. Il prend jour du côté de la mer et se trouve environné de terrasses où les muezzins (prêtres arabes) entretiennent la verdure.

La mosquée Djedid est bâtie en forme de croix par un architecte génois qui fut condamné à mort pour prix de son travail considéré des imans comme une insulte à la religion musulmane ; les quatre nefs voûtées ont un dôme à leur jonction ; quatre pavillons ajoutés dans les angles des bras de la croix en ont fait un bâtiment carré ; une couronne de créneaux sarrasins encadre tout le pourtour ; une galerie ouverte règne du côté de la mer ; le minaret est une tour carrée, revêtue d'émail, où l'horloge publique, dont les trois cadrans sont éclairés la nuit a été établie. Cette mosquée est affectée aux turcs.

La mosquée Djama Safis, rue Kléber et la mosquée Sidi Ramzam dans la rue de ce nom servent aux Arabes et aux Maures. Ce sont les seules qui fassent régulièrement l'appel aux prières.

L'intérieur des mosquées est fort simple :

des tapis ou des nattes et quelques lampes, sont tout l'ornement de ces temples, où se trouve une chaire à prêcher, une niche vide désignant la situation relative de la Mecque et quelques cadres renfermant des versets du Koran et la configuration des pantouffles du prophète, entourées d'arabesques.

Tout chrétien en déposant sa chaussure à la porte, peut examiner l'intérieur de l'édifice mais sans y pénétrer.

On voit, à l'entrée, une fontaine qui sert aux ablutions préalables à la prière. Aux heures, canoniques, on remarque dans le jour une petite bannière blanche ou verte, dans la nuit, un fanal que l'on hisse à une potence fixée sur les minarets, appelant de loin les fidèles que la voix du crieur ne pourrait atteindre.

On trouve encore à Alger, beaucoup d'oratoires sur les tombeaux des saints musulmans. Les plus remarquables sont : le marabout de Sidi Abd-el-Kadder-el Djilani, à Bab Bzoun, au bord de la mer, et à Bab-el Oued, celui de Sidi Abd-er-Rhaman Tolebi, où sont les tombeaux de plusieurs Deys. d'Alger. Les marabouts pour la plupart reposent dans de petites constructions isolées recouvertes d'une coupole. On n'y trouve guère que la tombe du vénérable personnage, protégée d'un grillage en bois peint de couleurs voyantes, environné de drapeaux de soie et de pans d'étoffes, en ex-votos.

Il y a à Alger quatre cimetières. Celui des chrétiens est entouré de murs, en dehors de la ville, vis-à-vis le fort des Anglais. On y entre par un portique d'un style grave et il est bien entretenu. On y voit beaucoup de monuments funéraires et des caveaux de famille. Il est divisé pour les différentes communions. Les deux cimetières musulmans sont l'un à Mustapha, l'autre sur le versant Nord de la Kasbah. Celui des Israëlites est à Bab-el-Ouend, près de celui des chrétiens auquel il est contigu.

L'hôpital civil est à Mustapha inférieur; il contient 450 lits et les salles sont vastes et bien aérées. C'est un bel établissement où l'on a établi des Sœurs de charité et qui s'agrandit chaque jour.

Le musée, et la bibliothèque dont nous avons déjà décrit l'extérieur sont riches en objets d'art, en antiquités et en curiosités. On y a réuni 7000 volumes et 2000 manuscrits arabes qui forment la bibliothèque. On y voit une copie du célèbre tableau de Gendron, représentant les chefs du Caire faisant leur soumission au général Bonaparte, et une autre toile remarquable comme marine, et reproduisant la tempête du 11 février 1835. Ce tableau est signé Morel Fatio. Quelques autres toiles représentant des paysages et des ruines, quelques portraits de chefs arabes ou d'officiers français sont épars çà et là. Mais sa richesse consiste en échantillons de minéralogie, en animaux empaillés, et en antiquités. Les plus importants qu'on y remarque sont : une belle statue de Neptune, de 2 mètres 40 de hauteur, un torse de Vénus, une statue de jeune fille, un Bacchus, une hermaphrodite, un cercueil bien sculpté, une chaise de bain, le tout en marbre blanc. En mosaïque, on voit deux amphitrites, un chasseur, un parquet d'un dessin élégant, outre cela des amphores, des vases, des fragments, de toutes sortes, et un grand nombre d'inscriptions arabes ou turques.

Le lycée est très grand. C'est un vaste édifice, autrefois caserne de janissaires, décoré d'un peristyle intérieur de 40 colonnes qui supportent une galerie. Les salles sont toutes tapissées de porcelaines de couleurs et donnent sur la rade. Les cours sont vastes, et l'établissement contient 500 élèves.

Le jardin Marengo, créé par les condamnés militaires, est en terrasse en face de la place du Gouvernement près de la mosquée de Sidi Abder-Rahman. On y trouve de kiosques tapissés d'émail, de bustes et des colonnes commémoratives; des jets d'eau, des parterres émaillés de fleurs, dessinés dans le goût français, et des bosquets avec des allées sinueuses comme des jardins anglais. C'est le rendez-vous de la fashion algérienne, et chaque soir à partir de six heures la foule s'y presse et vient se rafraîchir à l'ombre de ses massifs et chercher dans la beauté du lieu un délassement et un bien-être réels.

En dehors des monuments que nous venons de citer. Alger ne possède rien de remarquable si ce n'est ses hôtels, ses cafés, ses bains, ses bâtiments et établissements militaires dont nous allons parler plus loin ; car c'est une ville essentiellement militaire. Aujourd'hui Alger contient près de 130,000 habitants et a triplé d'importance depuis vingt ans, et l'on peut dire avec raison que dans un siècle ce sera une nouvelle Carthage, un Paris en miniature, avec un faux air de Constantinople.

CHAPITRE XII

La vie à Alger. — Mœurs, usages et coutumes. — Bains maures et bains français. — Hôtels et cafés.— Cafés maures. — Bazars et bals . — Etablissements militaires.

La vie à Alger est moitié française, moitié orientale. Il faut avoir habité cette nouvelle Babylone africaine pour s'en faire une idée, car elle diffère en tout de la vie parisienne, malgré quelque tendance à le devenir. Et en effet, la colonisation tend à civiliser l'Algérie, à lui donner nos mœurs, nos usages, mais l'élément indigène est encore trop nombreux et ce n'est qu'à la longue qu'on pourra arriver à un résultat satisfaisant.

Certes, il est très raisonnable d'améliorer les institutions de notre principale colonie et de donner à nos sujets arabes plus de liberté, plus de garanties, à mesure que l'Algérie fait des progrès en population, en industrie, en richesse, en instruction, en civilisation enfin, ce qui résume tout. On dit les Anglais meilleurs colonisateurs que les Français. Qu'on regarde pourtant l'Inde anglaise, le cap de Bonnne Espérance et qu'on fasse une comparaison. Elle sera certainement à notre avantage. Si nous avons parfois des révoltes à comprimer, des insurrections à éteindre, cela ne dure qu'un instant. Dans notre Afrique, comme le dit M. Leroy-Beaulieu, nous avons su d'abord maintenir la paix, ce qui est la première chose du monde ; dans l'Afrique, dans l'Inde anglaise, au contraire, ce sont des guerres perpétuelles.

Nous avons implanté en Algérie près de 400.000 européens et dans l'Inde autrement importante, autrement peuplée que l'Algérie, à peine si les Anglais y ont autant de colons !...

Mais ne nous occupons pas de la colonisation pour le moment, ce serait une étude trop sérieuse à faire.

Les mœurs des Algériens ne peuvent changer en un demi-siècle, tout à fait, et sans une transition lente. Tant de nations ont passé sur cette terre, et toutes n'ont-elles pas laissé leur empreinte sur la population. Mais ce qui y domine surtout c'est l'élément turc. Qu'on regarde nos femmes algériennes, et qu'on en juge.

Leur vie n'est point la réclusion du gynécée des anciens, des belles captives des poésies d'Homère. Ce n'est pas celle des dames romaines, ni celle des femmes turques des sérails ou des harems. Non ! loin de là.

Quoique soumise à certaines prescriptions contrôlées par les mœurs publiques, l'existence de la femme s'écoule avec une certaine liberté, mais avec ennui, sans élévation, sans intérêt sérieux. Les hommes ne sont pour elles que des maîtres. Elles ne vivent dans leur intérieur que de leurs appétits sensuels, les soins d'un ménage snot presque nuls; et cette existence isolée, en dehors de la vie publique, se traîne misérable ou dorée suivant le degré de fortune et de position, avec une monotonie que rien ne saurait distraire.

La polygamie a été permise aux Turcs et aux Arabes, aux Maures et aux Kabyles. C'est dans leur religion.

C'est dans leurs mœurs, et ce n'est que par la suite des temps qu'on parviendra à l'éteindre, mais elle devient de plus en plus rare et seulement chez les riches et les scheiks.

Le Koran refuse à la femme toute influence. Ce n'est qu'une humble servante, une esclave pour tout dire, et pour s'en rendre compte il faut pénétrer dans l'intérieur d'une maison maure, ou dans un douar.

Lorsque les femmes mauresques ou arabes sont pauvres, leur condition est bien triste. Enveloppées dans leurs féredjés, voilées dans leurs yakinacks, embarrassées par les babouches qui leur servent de chaussures, on les voit accroupies au coin de quelque rue, vendre des fruits, du lait, des œufs, des poules ou des étoffes.

De plus, la femme est un objet acquis, une chose payée, il y aurait des volumes à écrire à ce sujet. La femme d'un Arabe souffrait d'une maladie chronique ; le mari consulte un médecin qui prescrivit un médicament, et sur la demande du client, en indiqua la valeur : Bah ! dit alors l'Arabe, autant vaut qu'elle meure, car pour cette somme, j'en aurai une plus jeune et bien portante.

Si la femme est riche, au contraire, sa promenade est surveillée, elle ne peut sortir que voilée et on n'aperçoit guère que ses yeux. Il lui est interdit de parler à un homme. Ses fenêtres sont grillées, son jardin est clos ; les muezzins qui seuls peuvent y regarder du haut des minarets publieraient bien vite la moindre transgression à cet usage. Sa journée se passe à humer le café, à fumer la cigarette ou le houka, à se regarder au miroir, à se peindre les sourcils, à se teindre les ongles, à prendre des bains, manger des confitures et dormir sur un divan ou un tapis.

Les Turcs aiment les femmes ayant de l'embonpoint, chez les Maures et les Arabes c'est tout le contraire.

L'usage du voile s'est conservé chez leurs femmes comme un legs de la civilisation antique et des traditions bibliques ; cependant aujourd'hui, on voit déjà des femmes mauresques sortir sans le yakmak, ce qui est un pas de fait vers la civilisation moderne.

La condition des femmes à Alger est donc bien infime, bien triste, mais c'est encore un paradis à côté de celle qui vit sous la tente, car alors ce n'est plus une femme, c'est une véritable bête de somme, une esclave, qui porte les fardeaux pendant que son mari fume sa pipe, et travaille, quand il fait sa méridienne, trop heureuse encore lorsqu'elle ne reçoit pas des coups de matraque (bâton).

Les femmes européennes qui habitent Alger prennent, malgré elles, le sans-gêne, le sans-façon des mœurs orientales mitigé par les habitudes françaises. C'est un genre à part, et j'ai été à même d'en juger. A part cela elles sont affables et même charmantes. Mais le type le plus curieux, c'est la femme juive. C'est une existence particulière, qui n'est ni celle de l'européenne, ni celle de l'Arabe. Le costume est riche et élégant, la veste, le petit bonnet à l'orientale, la chemisette brodée, les larges pantalons, tout lui donne une physionomie spéciale. Les juives sont généralement fort jolies et leur habillement ordinairement très riche et orné de broderies d'or et d'argent rehausse encore leur beauté.

Pour moi, en les apercevant je ne pus m'empêcher d'établir une comparaison entre les Juives d'Afrique et celles d'Italie et d'Allemagne. Ici le Ghetto, sombre et froid, les habillements sévères et à la mode européenne ; là une riante toilette, un air de bien-être et de gaîté qu'on ne saurait trouver ailleurs. Et c'est aisé à comprendre, la population juive est très nombreuse en Algérie et, y a de tous temps été en considération par ses richesses. Presque tous les Juifs sont tailleurs ou marchands. Les riches sont banquiers, armateurs, négociants. C'est une race industrieuse, active, intelligente et laborieuse et les femmes les aident à s'enrichir en travaillant avec eux. Le type Juif se conserve unique dans son genre ; car jamais on ne voit d'alliance entre des juifs et des chrétiens et les mariages se perpétuent dans leurs familles.

Il y a à Alger des bains suivant l'usage européen ; ceux de la rue de Chartres, de la rue du Soudan, de la rue de la Marine, on voit même des bains de mer à Mustapha Pacha et ils réuissent tout le confortable désirable.

Les bains maures sont nombreux. Les plus en renom, sont ceux de l'Etat-Major, du Divan, de la Kasbah, et de la Porte Neuve.

Il y a aussi à Alger de beaux et riches cafés. Citons : dans la rue Bab-Azoun, le café Valentin, lieu de réunion de l'Aristocratie. C'est la maison dorée d'Alger, vaste et beau local au bord de la mer, où l'on déjeune à la fourchette ; le café d'Apollon, magnifique, d'ornements et de peintures, les cafés de la Bourse et de Paris, tout ornés de glaces ; le café de la Perle est un café chantant où chaque soir, on jouit d'un spectacle récréatif et varié, et où il y a souvent d'excellents artistes. Il y a également plusieurs brasseries : celles de la Bosa, de l'Ours blanc, du Nord, de Kolb, qui sont les plus fréquentées. Les deux premières surtout sont très bien installées.

A Mustapha il existe un Tivoli ; à Bab-el-Oued, un Château des fleurs, où l'on donne des fêtes de nuit à la vénitienne, et où l'on voit des luttes d'hercule. Ce sont deux belles salles de bal qui ne dépareraient pas une grande ville d'Europe et qui rappellent la France.

Les cafés maures tendent chaque jour à disparaître. Il n'y a plus de ces danseuses de ces odalisques comme autrefois, lorsque Hamed bon Harmaria dirigeait son orchestre nasillard. Mais on en voit encore dans les quartiers arabes, et c'est là que j'allais, curieux d'en voir l'intérieur.

Là ni colonnettes de marbre ni glaces éblouissantes, ni parois constellés de peintures et d'arabesques ; au contraire le vrai café Maure qu'anime le va-et-vient des hirondelles nichées dans les solives, n'a que des murs crépis à la chaux, dont quelques enluminures et quelques inscriptions arabes, des versets du Coran, couvrent la nudité, par places.

A l'entrée, des escabeaux de paille petits et bas sollicitent les consommateurs qui préfèrent le grand air aux longs bancs de l'intérieur. Ces bancs, couverts d'une natte, reposent de n'avoir rien fait ; la grave assemblée, des Arabes étendus là pour fumer, à demi couchés pour boire, ou accroupis sur leurs talons en aspirant la fumée de leur pipe. Les narguillés et les tchibouks, principaux ornements du lieu, déroulent leur parfum de tabac en spirales bleuâtres et ajoutent à l'obscurité de ce sanctuaire de plaisirs musulmans, où l'on peut se livrer à une méditation contemplative. Là, pas de journaux, pas de jeux. On voit réunis et mélangés familièrement sur les mêmes nattes, les Arabes en Sayons, les Maures en burnous et en caftan, les turbans turcs, les bonnets de derviche ou muphtis, les loques des mendiants. Chacun apporte là son tabac, le feu ne coûte rien et le café y est à deux sous la tasse. Au centre du hangard, l'eau jaillit d'une fontaine qui murmure dans une vasque en marbre.

Si la consommation est accessible à tous, le matériel n'est pas ruineux pour le propriétaire ; il se réduit à un divan circulaire, à quelques tabourets, aux pipes, aux tasses, aux cafetières rangées sur une étagère en lignes horizontales au dessus ou à côté du fourneau qui flamboie.

Le café qu'on prépare, tasse par tasse, se

verse crémeux, bouillant et parfumé dans de petits gobelets de porcelaine, montés sur filigrane d'argent ou sur cuivre découpé. Le Moka réduit en poudre impalpable, jeté dans une petite cafetière où l'eau entre en ébullition, se fait rapidement, sans que l'arôme se dégage ; le liquide est alors versé dans le gobelet avec la poudre. Si le marc se précipite, le cafédji prend soin de le remuer avec le petit doigt. Cette manière de procéder ne séduit pas au premier abord, et la perspective d'avoir autant à manger qu'à boire, ne sourit guère. Mais on s'aperçoit bien vite que ce mélange odorant qu'on ne sucre pas et qu'on prend à toute heure, en traitant une affaire ou en faisant une visite, réconforte et n'échauffe pas ; on découvre que la saveur en est parfaite, et finalement on ne craint pas d'y revenir une autre fois. Souvent dans ces cafés on entend de la détestable musique, dans le goût des indigènes, surtout à ceux de la rue de la Kasbah et de la rue Citati. Il y en a plusieurs autres en ville, mais ces deux là sont les plus renommés.

Les bazars sont encore une spécialité de

l'Algérie. Sans régularité, et sans aucune grandeur, ce n'est qu'une agglomération de passages souvent humides et sales, de galeries aux perpectives profondes, que le jour n'éclaire que de teintes assoupies, d'enclos voûtés aux arcades ogivales qui se heurtent et s'entrecroisent. Les ruelles, les places et les carrefours de ce labyrinthe inextricable abritent chaque travail particulier, chaque production spéciale. Toutes les richesses y sont réunies, toutes les industries s'y trouvent représentées. C'est une ville d'échoppes qui renferme tous les spécimens et toutes les variétés du luxe des Orientaux, comme aussi tous les objets usuels de la vie ordinaire. Quant aux coquetteries de l'étalage et de la devanture, le bazar les ignore ; l'obscur carré de planches recèle en ses pauvres rayons de véritables trésors. Au fond d'une niche basse, étroite à cloison légère, s'ouvre un trou noir ; c'est là que le propriétaire de ces richesses, accroupi, à l'heure des transactions, sur le banc à hauteurs d'appui qui ferme sa boutique, se retire pour dormir, pour prier et pour faire ses ablutions. Il n'a qu'à étendre la main pour tirer à lui, avec une gravité dont rien ne le ferait départir, les objets que le passant lui désigne du dehors. Son sourire, son regard bienveillant n'abandonneront point le curieux qui aura fait déployer sans en acheter aucun des riches tapis qu'on s'étonne de trouver dans ce réduit. A l'appel de la prière toute transaction est suspendue; le va-et-vient des galeries ne distrait le marchand ni de ses prières ni de ses prosternations. S'il doit se rendre à une mosquée voisine, il abandonne les chalands et laisse son magasin sous la garde de la bonne foi publique, et cette confiance n'est guère trompée par les mahométans...

Dans ces bazars il se vend de tout, des diamants de prix, des bijoux précieux, des monceaux de dragées et de pâtes au miel, des confiseries de toutes espèces qui s'élèvent à des hauteurs pyramidales, car les femmes mauresques, turques et juives font une consommation extraordinaire de ces pâtes roses ou dorées, saupoudrées d'amandes et des sirops qu'elles appellent poétiquement « rosée du matin.

Il y a aussi des parfuns, des savons, des

poudres, des huiles, des essences et des pommades qu'on ne quitte que les habits imprégnés de senteurs pénétrantes, l'odorat rassasié de bergamotte, de roses et de benjoin. Ces flacons à facettes dorées et fermés avec du parchemin ou de cristal, ces boîtes gaufrées de chiffres cabalistiques, ces lentilles dorées, ces plaques de feuilles de roses, ces graines d'aloès, ces teintures de henné, attirent une foule de chalands et d'amateurs.

Ailleurs ce sont des lainages légers aux teintes brillantes, au tissus délicats ; des soieries de Brousses, de Damas, de Tunis, de Bagdad, où l'absence de symétrie ne nuit pas aux proportions, où l'effet de l'ensemble n'est jamais sacrifié au luxe de l'ornementation ; des gazes diaphanes lamées d'or et d'argent des cachemires de l'Inde et de la Perse ou la magnificence lutte avec la fantaisie ; des écharpes aux nuances vives, aux raies tranchées ; des pantoufles pailletées d'or et de perles ; des broderies sur drap et sur velours dont l'originalité et la hardiesse font ressortir l'harmonie, des soies de Lyon, des tissus d'Alsace, des gazes de Chambéry ; tout cela s'étale pêle-mêle, à côté des épices, des drogues, du poivre, de la canelle, du santal et de l'opium ; plus loin ce sont des pipes, du tabac de la chaudronnerie, des selles, des armes de toutes sortes. Kandgiars, yatagans, sabres de Damas, poignards fusils, etc. C'est une animation sans égale ou les marchands et les acheteurs circulent sans cesse et font retentir leurs voix en mettant à prix les marchandises, un tableau vraiment indescriptible.

Alger est une ville essentiellement militaire et bien fortifiée. Il y a une foule de casernes. Sans parler de la Kasbah qui peut contenir deux mille hommes, il y a la caserne Lemercier, rue de la Marine, deux casernes rue Médéah, qui servaient autrefois aux janissaires, celle du grand Tagarin, ancien caravansérail qui sert à l'artillerie, celle de Bab-Azoun pour le train, etc. Magasin à fourrages, manutention, magasins de subsistances et de farine, magasins de bois, magasins de campements et d'équipement, rien ne manque. Il y a des parcs de génie et d'artillerie, un hôpital militaire magnifique qui contient 1600 lits. Ce dernier bâtiment est une magnifique villa composée de jardins enchanteurs et de beaux et grands édifices mauresques entourés de murs. Il y a une chapelle et de vastes dépendances, et l'on peut dire que c'est un des plus beaux hôpitaux connus.

Il me fallut près d'un mois pour visiter en détail toutes ces beautés, tous ces monuments, mais j'employais bien mon temps, et je garderai éternellement le souvenir d'Alger, qu'on nomme, à juste tite, le Paris de l'Afrique. Mais cette ancienne capitale de la piraterie a traversé des siècles d'oppression et d'iniquité, et la France en lui apportant le christianisme lui a ouvert une ère de réparation et de paix, un avenir de gloire et de richesses.

CHAPITRE XIII

Environ d'Alger. — Douéra. — Bouffarick. — Blidah — Médéah. — Boghar. — Laghouat. — Un coup d'œil sur l'intérieur de la province d'Alger.

Les environs d'Alger sont justement célèbres par leur beauté ; car il est difficile de trouver un panorama plus riche et plus varié que celui qui entoure la ville. Les sites les plus importants s'y trouvent réunis. On a l'aspect grandiose de la mer et des sommets neigeux du Djurjura qui viennent mourir sur des tapis de verdure. A Matifou, les ruines d'une cité romaine, vastes et imposantes près de nos jeunes villages ; à Mustapha, les palais champêtres des Maures avec leurs colonnades et leurs cyprès ; là les forts qui défendent la ville ; ici des coteaux verdoyants, les jardins, les sentiers de la colline ; partout la plaine immense, les sables de la plage de Sidi Ferrach, les steppes de Staouéli, qui ne sont qu'une image du désert, tel est le tableau qui se déroule aux yeux étonnés du spectateur. A Mustapha on apperçoit et on peut visiter la maison de campagne du Gouverneur Général, la maison des arcades, l'Orangerie, les marabouts de Sidi Abder Rahman, le jardin d'essais, entretenu avec le plus grand soin, et où l'on trouve toutes les plantes, toutes les productions du règne végétal. Il y a, tout auprès, un café Maure très achalandé, car le jardin est fréquenté par des nuées de promeneurs.

A l'Agha, on voit les restes d'un acqueduc romain, et un peu plus loin les restes du camp de Charles-Quint lorsqu'il envahit Alger.

Enfin Saint-Eugène petit village fort joli et entièrement bâti de maisons de plaisance et de petites villas, où l'on voit l'ancien consulat de

France, aujourd'hui résidence de Mgr d'Alger pendant l'été, et la chapelle dite de Notre-Dame d'Afrique qui est devenue un lieu de pèlerinage célèbre. Un pont en fil de fer de 27 mètres de longueur a été jeté sur un ravin qui y conduit; on l'a appelé pont Salvandy.

Je quitte enfin, non sans regrets, Alger, pour continuer mes explorations, et enfourchant mon brave Sultan, accompagné de Mustapha monté sur Pacha, nous prenons la route de Blidah.

Nous traversons d'abord Douéra situé à 23 kilomètres d'Alger. La route qui y conduit est très accidentée, mais il y a peu d'arbres ; seulement on y trouve de vastes pâturages et de belles cultures. C'est un centre peu important, dont les rues sont assez régulières, et entremêlées de jardins, ce qui produit un coup d'œil original, car toutes les constructions sont européennes. Il y a une église catholique et un temple protestant d'une situation très pittoresque, et plusieurs fontaines, un hôpital très grand et un pénitencier militaire.

Nous descendîmes pour déjeuner à l'hôtel du Sahel qui est le mieux tenu de l'endroit, et, bien réconfortés, nous continuâmes notre voyage vers Bouffarick. La route aux environs de Douéra ne présente que des coteaux et des ravins. A Ouled Mendil, Mustapha me fit voir une pierre tumulaire, élevée sur les restes des artilleurs qui y furent surpris et massacrés par les Arabes en 1841 ; ce monument rappelle le souvenir des dangers qu'on courait jadis en parcourant ce chemin. Nous traversons ensuite l'Arba, joli village de la Mitidjah, tout planté d'arbres et contenant des orangeries importantes, et nous arrivons à Bouffarick où nous devons faire halte pour la nuit. Nous nous arrêtons sur la place Mazagran à l'hotel de ce nom, et après avoir dîné, nous faisons le tour de la ville. Nous nous rendons d'abord à l'orphelinat fondé par le P. Brumauld qui est unique dans son genre, et rappelle les grandes fermes modèles de France, mais c'est ce qu'il y a de plus digne d'être vu. Au milieu de Bouffarick il y a une fontaine et un abreuvoir alimentés par d'excellentes eaux. Les colons de la localité sont dans l'aisance et beaucoup même sont riches, car le pays est admirablement situé ; il y a des plantations considérables et on y élève une grande quantité de bétail. Les éleveurs de la commune fournissent en grande partie les bouchers d'Alger et de Blidah. Les rues de la ville sont belles et très larges, et elles sont sillonnées par des diligences et des roulages continuels.

Le lendemain, vers huit heures du matin, nous entrions à Blidah qui n'est qu'à 14 kilomètres de Bouffarick. Cette ville qu'on a surnommée le jardin de l'Algérie est bâtie à l'extrémité sud de la Metidjah et assise sur un terrain uni, au pied septentrional du Petit Atlas, dont les gradins ne sont éloignés que d'une centaine de mètres de ses murs. Elle est élevée de cent mètres au dessus du Masafran, et 185 au dessus du niveau de la mer ; une ceinture de la plus belle verdure l'enveloppe en toutes saisons. A l'abord même, Blidah semble perdu dans une forêt d'orangers de la plus luxuriante beauté. A distance, la ville développe une grande étendue où s'élèvent de belles constructions qui annoncent une cité importante et opulente, placée dans le site le plus heureux. Suivant des savants,

Blidah serait l'antique Sufasar, selon d'autres la Bida-Colonia des Romains ; mais quel que soit son ancien nom, ce lieu a dû être toujours occupé à cause de la position charmante qu'il offre. Des marabouts dont on voit encore les tombeaux sur les bords de l'Oued Kébir, furent les premiers habitants qui aient laissé des traces dans ce canton, et la ville doit avoir été fondée par les Turcs. D'après la tradition, elle fut détruite par le tremblement de terre de 1825, et ce séjour de repos et de plaisirs, ne fut plus qu'un monceau de ruines et un lieu de désolation. Les habitants pleins de courage et d'amour pour leur ville relevèrent leurs maisons. Blidah fut occupée par les Français en 1830, mais elle ne nous appartint définitivement qu'en 1837, après le traité de la Tafna qui nous en assura la possession. Le maréchal Vallée y fit son entrée, le 3 mai 1828, et y fit tracer deux camps, dits camp supérieur et camp inférieur. La maison d'Ibrahim Agha fut convertie en Hôtel-de-Ville, et depuis cette époque, Blidah n'a fait que s'accroître en population, en beauté et en richesses. Le chemin de fer y a surtout fait un bien énorme, car c'est aujourd'hui le centre de la province après Alger. C'est une sous-préfecture et il y a un Tribunal; elle sert aussi de résidence au général qui commande la division militaire d'Alger. La garnison y est d'environ 5000 hommes et la population de 12 à 15000 habitants.

Il y a six portes : les portes d'Alger, du Camp des Chasseurs, Bab-Zaioua, Bab-el-Raba Bab-el-Sebt et Bab-el-Kebour. Le fort Mimich protége la ville au sud.

Blidah est un composé de ruines misérables et de constructions gracieuses et grandioses. A côté de la hutte de l'Arabe, de l'ancienne maisonnette, dont un rez-de-chaussée autour d'une petite cour carrée plantée d'orangers fait toute l'importance, s'élève sur des arcades, la magnifique maison à quatre et cinq étages avec ses hautes fenêtres, ou bien, la fraîche demeure de l'homme plus modeste dont les persiennes vertes s'ouvrent sur les plus riches paysages. La ville, établie en plaine, est régulière, bien percée, bien alignée. La place d'Armes est ornée de deux rangées d'arbres, et son carré est formé de maisons, de toute beauté à arcades, et d'une belle architecture. Celles de la place Bab-el-Sebt où s'élève une belle fontaine, rivalisent par leur élégance avec ces importantes constructions. La place de l'Orangerie est remarquable par le beau quinconce d'orangers qui entoure le Théâtre. L'hôtel de la Régence et la demeure du Général sont d'une grandeur imposante. Les marchés de Blidah sont célèbres, et son commerce est très grand. Tous les vendredis, il s'y tient une foire ou l'affluence de monde est prodigieuse. Les indigènes y conduisent des chevaux, des bestiaux, des bêtes de somme ; ils y apportent des céréales, des peaux, des laines, du charbon, du sel, du bois à brûler. Les Zouaoua offrent leur savon ; les Mouzaia leur tabac, les Beni Salah des matières teintoriales, et prennent en échange des fers bruts, de la mercerie, de la quincaillerie, des tissus, de l'épicerie.

Autrefois Blidah était renommée pour ses teintureries, ses tanneries, ou la préparation du maroquin pour la chaussure; l'équipement et l'harnachement était excellents, on y fabriquait des instruments aratoires. On y voyait aussi de nombreux moulins à farine, mais aujourd'hui ces industries sont bien délaissées. Tout a fait place à la culture et les habitants sont loin d'en être plus pauvres. On y voit cependant six grandes minoteries en pleine activité et qui méritent d'être visitées. L'eau de l'Oued Kebir entretient la ville par les acqueducs de Joinville et de Montpensier qui la déversent en grande quantité par plus de vingt fontaines ou bornes fontaines, et coulent sans cesse dans un beau lavoir et trois abreuvoirs publics. C'est à Blidah que le dépôt de la remonte a été placé, et on peut y admirer de magnifiques chevaux arabes. L'église est une ancienne mosquée sur la place d'Armes et est assez belle ; les Arabes ont deux mosquées, et la ville renferme des écoles, un jardin public au bois d'oliviers, un abattoir, des hôtels, des cafés bien tenus et un vaste hôpital.

Blidah est une vraie corbeille de fleurs ; Hamed Youssouf, le poète satirique, pour peindre cette ville en a dit : « On t'a appelée petite ville, moi je t'appellerai petite rose. »

Les environs en sont enchanteurs, à cause de la forêt d'orangers et des beaux jardins cultivés, du milieu desquels elle s'élève. Ses champs s'étendent dans un immense lointain, se prolongent dans la Mitidjah jusque près de Koléah et de Cherchell, ou bien sont disposés en amphitéâtre sur les pentes de l'Atlas. Là, croissent le lentisque, le caroubier, le grnévrier, le palmier éventail, l'yeuse dans un désordre fantastique et charmant.

Lorsqu'en pénétrant dans la vallée profonde, à l'entrée de laquelle est assise Blidah, on remonte au sud, on voit les tombeaux vénérés de plusieurs marabouts, très fréquentés des pèlerins qui y apportent des présents. Au bois des Oliviers, il y en a un autre très illustre par ses légendes. A 12 kilom. de la ville on trouve le pont et la vallée de la Chiffa. Cette vallée va en se retrécissant et laissant des échappées de vue magnifiques entre les rochers. Quatre filets d'eau principaux tombant à 100 m. à l'endroit où la gorge est la plus resserrée et rejaillissant en perles liquides sur des anfractuosités tapissées d'aléandres et de lauriers roses, forment ce qu'on appelle la cascade de la Chiffa. On y passe en suivant la route qui conduit à Médéah !

C'est dans cet endroit pittoresque à peu de distance des gorges que se trouvait la maison de plaisance du comte de Kéranval, notre compagnon de naufrage sur la *Marie-Élisabeth*. Je ne pouvais passer aussi près de son habitation, sans aller lui rendre visite et c'est ce que je fis. Je fus reçu avec une cordialité charmante. M. de Kéranval et sa fille Alice, me comblaient d'égards et de soins de toutes sortes : je dus raconter toutes les particularités de mon voyage, depuis mon départ de Tunis, et entendre le récit de leur traversée sur le *Forbin*. Il me fallut rester une semaine entière dans cette délicieuse villa où je me reposai de mes fatigues de touriste.

Je partis enfin en emportant un doux souvenir de l'hospitalité du comte et des moments passés auprès de son aimable fille. J'appris depuis qu'elle s'était mariée à un officier supérieur des Spahis. Pendant mon séjour chez M. de Keranval, j'allai visiter le monument de Beni-Mered si célèbre en Afrique. Ce monument est une simple colonne élevée sur la place de Beni-Mered. C'est là que le 11 avril

1842, vingt-deux hommes, commandés par le sergent Blandan, de Lyon, et porteurs de dépêches très importantes furent assaillis par une nuée d'Arabes de Ben-Salem-Khalifat, 300 selon les uns, 3.000 selon d'autres. Tous périrent plutôt que de se rendre et renouvelèrent l'héroïsme des Spartiates de Léonidas aux Thermopyles. Une fontaine est établie au-dessous de la colonne et verse l'eau dans des vasques de granit. Sur la colonne on peut lire le nom des vingt-deux braves avec cette inscription :

« *Morts en combattant glorieusement pour la France, le 11 avril 1842 et luttant un contre vingt.* »

Nous arrivâmes à Médéah le 12 juillet. La ville est à 42 kilom. de Blidah et nous les fîmes d'une seule traite. Nous y descendîmes à l'hôtel du Gastronome, qui n'est guère digne de son nom. C'est pourtant le plus important de la ville, mais, il faut dire aussi que les hôtels y laissent beaucoup à désirer. Celui-ci est remarquable par un double tableau d'Horace Vernet qui y sert d'enseigne, et qui représente, d'un côté, le général Yussuf dirigeant l'assaut de Laghouth, de l'autre la mort du capitaine Morand.

Lorsqu'on arrive aux environs de Médéah, après avoir suivi la route qui parcourt la vallée de la Chiffa, et gravi le Nador, ou après avoir franchi le col de Mouzaïa et traversé le bois des Oliviers, qui s'étend au versant sud de la montagne que contourne le défilé, on est surpris et charmé de se trouver au milieu d'un pays boisé, bien cultivé et couvert d'habitations, comme l'une des plus riches contrées de la France. De nombreux cours d'eau, affluents du Chélif, répandent la fraîcheur dans des sites délicieux où la température est toujours saine, bien que très chaude en été et très froide en hiver. Il tombe beaucoup de neige dans ces cantons, et l'on n'y voit plus l'oranger et l'olivier.

Ils y sont remplacés par le mûrier, le poirier, le peuplier et la vigne qui abritent les gourbis habités par les Arabes.

Medeah est assis sur un plateau incliné au sud-est. Ses maisons couvertes en tuiles, comme les habitations du midi de la France, s'échelonnent sur cette pente et jusqu'au sommet du mont qui s'élève à 1100 m. au-dessus du niveau de la mer.

Quelques minarets élégants dominent la masse des constructions de la ville détachée des abords de la campagne par le redressement graduel du sol, sur quatre des côtés du pentagone qu'elle décrit; un acqueduc à deux rangs d'arceaux, monument hardi et prolongé qui la joint à l'Est, forme le caractère distinctif de sa silhouette.

Selon le docteur Shaw, Médéah occupe l'emplacement de l'antique Lamida de Ptolémée; suivant Mgr Dupuch on y retrouve le Castellum médianum de Morcelli. Quoiqu'il en soit, on peut encore y distinguer les ruines d'une muraille antique, d'une citadelle romaine et d'une ville numide. El Mohadi, chef des Almohades s'empara de cette contrée et y bâtit un château fort appelé Moahedin, d'où ou a tiré depuis Mehedia, et dont nous avons fait Médéah.

Cette ville a été le témoin de mille faits d'armes glorieux. Des combats nombreux s'y sont livrés entre les Français et les indigènes, et on ne se rappelle pas sans une certaine émotion les affaires du col de Teniah, de la Mouzaïa, du bois des Oliviers, de l'attaque de Médéah par Abd-el-Kadder, et de la défense que nous y fîmes contre les troupes de l'emir. Elle est définitivement à nous depuis 1841, où le duc d'Aumale en prit possession, et on l'a considérablement agrandie.

C'est aujourd'hui la résidence d'un général de brigade, et la population y est d'environ 10 000 âmes. La ville est bien fortifiée, entourée de cinq redoutes et s'ouvre par cinq portes : celle d'Alger, de Nador, de Milianah ; Seraouï et des Jardins. On a utilisé autant qu'on a pu les anciennes constructions mauresques, de sorte que l'intérieur de Médéah présente un aspect assez bizarre, qui n'est racheté par rien de gracieux, ni de pittoresque. Vue de loin, elle promet mieux. Toutefois les rues de Karbah, Hanefi, de la Pépinière, de la Smalah, de l'esplanade, du Gouvernement, de Mascara, Méred et des acqueducs sont de belles voies de communication. Mais toutes les maisons, hors une seule, sont basses et n'ont qu'un étage. La place d'armes est plantée d'arbres, et ornée d'une fontaine ; la place Napoléon et la place Mered réunissent les oisifs et les acheteurs les jours de marché, où il y a une grande affluence.

La vie y est peu chère, car Médéah est une ville d'abondance, et le vin y est excellent. Le commerce consiste surtout en laines. On y voit plusieurs beaux bâtiments militaires. La mosquée Mered a été consacrée au culte catholique et son élégant minaret est surmontée d'une croix en fer. Il y a une mosquée pour les musulmans, et plusieurs écoles pour les Européens et les Indigènes. C'est plutôt une ville militaire, qu'une ville commerçante, et elle est remarquable surtout par sa position et les souvenirs historiques qui s'y rattachent.

A Mouzaïa-les-mines, sur le plateau des Oliviers, il y a des mines de cuivre importantes, et une usine vaste et habitée par plus de 300 ouvriers. On y voit plusieurs blockhans, des magasins, une pharmacie, une chapelle. On trouve aussi là beaucoup de vignobles et de chênes lièges.

A Médéah nous nous joignîmes à une caravane de commerçants français, espagnols et arabes qui se rendaient à Boghar ; et parmi ces nouveaux compagnons de route, je retrouvai encore un de nos anciens naufragés de la *Marie-Elisabeth,* l'anglais Wattingtson qui, depuis son arrivée à Alger, parcourait le pays, avec son flegme britannique. Je ne fus pas fâché de sa rencontre car il me promit de terminer son voyage avec moi et de revenir en France à mon départ. Il était d'une humeur égale, puissamment riche et surtout fort gai, contrairement à ses compatriotes toujours graves et sérieux. Il me dit qu'il avait laissé à Alger tous ses autres camarades d'infortune et m'apprit la mort du jeune Frémont frappé d'une insolation en débarquant et le départ du commandant Leblanc pour la France. Il avait obtenu le commandement d'un paquebot de la Compagnie Valéry grâce aux notes excellentes que lui avait values notre naufrage où il avait déployé tant d'énergie.

Il m'apprit également que plusieurs autres passagers avaient été recueillis en mer par un vapeur français et ramenés à Alger, mais que la plus grande partie avaient péri.

Boghar est à 76 kilomètres de Médéah, sur les limites du Tell et du Sahara, et sur le chemin de Laghouat. C'est l'antique Castellum Minoritarum des Romains. Berkani, Khalifat d'Abd-el-Kadder à Médéah, y fonda au milieu de la tribu des Ouled-Antar, un poste militaire, avec un fort, un hopital des forges, un moulin, une manutention et une prison pour les prisonniers français. Ce poste fut détruit en partie en 1840 par le général Baraguey d'Hiliers, et occupé en 1841 par le maréchal Bugeaud qui en fit une place d'armes.

Il y a peu de végétation ; sauf quelques bouquets de thym, que paissent les gazelles, pas de verdure. L'horizon est fermé au Sud par le Djebel Amour, surnommé par nos soldats : les montagnes bleues ; au delà est le grand désert. Les sources y sont abondantes, car le Chélif contourne une partie du pays. Les hauteurs sont couronnées de sapins, de genévriers et de thuyas. Le sol est de roche calcaire à stalactites, et la poussière en est fort dangereuse pour les yeux. Il y a souvent de très violentes tempêtes, quand souffle le simoün. La ville de Boghar, n'est qu'un bourg, peu peuplé ; on y trouve de jolis jardins et une riche pépinière, avec une église. Un marché important se tient au village arabe de Ksar Boghar et on en voit un autre à 20 kilomètres de là, aux abords de l'Oued-el-Akroum. De nombreux caravansérails sont établis sur la route de Boghar à Laghouat, pour faciliter les communications entre ces deux centres.

La route de Boghar à Laghouat est longue et triste. C'est le désert, c'est la nature morte et sauvage, sauf quelques oasis qu'on rencontre par ci, par là.

La route comprend environ 300 kilomètres et l'on met environ dix jours à franchir cet espace ; comme il n'y a guère que six caravansérails, nous fûmes obligés de coucher cinq nuits sous la tente. J'ai déjà parlé de la vie au désert, aussi je ne reviendrai pas sur ce sujet, mais je puis affirmer que c'est une route pénible à faire, et celui qui a passé dans ces pays sauvages et manquant de végétation, où la chaleur et la soif vous torturent, peut se faire une idée des souffrances de nos soldats obligés de marcher avec un sac sur le dos, le campement, des armes et des munitions ; je ne puis m'empêcher de les plaindre, et sir Wattingtson lui-même me dit : Il faut que vos soldats aient l'âme chevillée au corps pour résister à de pareilles fatigues.

Les principaux caravansérails sont ceux de Sidi-Maklouf où l'on rencontre le premier palmier du désert, d'Aïn-el-Ibel ou la fontaine des Chameaux, où l'on voit le fameux rat à trompe et la félipea augusta, espèces de pyramides de fleurs jaune d'or. Les petits lacs salés qui couvrent les environs, occasionnent déjà le mirage, spectre trompeur, qui a occasionné la mort de plus d'un voyageur au désert ; celui de Djelfa, centre de commandement avec un fort où à force de travail on est parvenu à installer des cultures de blé et d'orge, là où ne se trouvait qu'un marais pestilentiel. On y trouve du sel, du pyrite de fer et du cuivre, du grès quartzeux, des pierres de construction, des petits galets en silex pouvant être taillés en camées ou en pommes de cannes. On y voit aussi une belle forêt.

Viennent ensuite le Rocher de Sel, au milieu d'un canton où toutes les eaux ont une saveur saline; Guels-Estel ou la source de l'Ecuelle, et enfin Aïn-el-Ousera, où s'élèvent de belles constructions, où l'on a établi un canal, desséché un marais, et élevé des bonnes fontaines et un immense abreuvoir.

Enfin nous apercevons Laghouat, et quel changement s'opère ! quelle brusque transition de la nature morte et dépouillée du désert! On se voit transporté au milieu d'une oasis de 3 kilomètres de pourtour, peuplée d'arbres fruitiers de toutes sortes, d'Europe et d'Afrique, sauf le citronnier et l'oranger. De nombreux palmiers dont quelques-uns ont plus de 80 pieds de hauteur dressent fièrement leur tête ; à leurs pieds s'étendent des jardins potagers de toute beauté. Mais laissons parler M. Mac Carthy : « Ce me sera chose assez difficile que de donner une idée exacte de ces beaux jardins de Laghouat. Nous n'avons rien de semblable et rien ne peut servir de terme de comparaison. Qu'on se figure un espace de 250 hectares, divisé en parties plus ou moins étendues, toutes entourées de murs des mêmes matériaux que la ville, des briques crues en terre grise, argileuse, cultivées par plates-bandes et au-dessous desquelles se dressent 50 à 60 000 palmiers de 10 à 20 mètres d'élévation. A leur base croissent les arbustes les plus variés. des figuiers, des grenadiers, des oliviers, des pêchers, des abricotiers, des coignassiers, des figuiers de Barbarie, tandis que les plates-bandes se couvrent successivement, suivant la saison, d'orge, d'oignons, de navets, de carottes, de melons, de pastèques, de citrouilles et de piments. Cette forêt splendide, dûe tout entière à la main de l'homme, belle de tout temps, l'est surtout à l'époque des grandes chaleurs, alors qu'au loin tout est brûlé, que la vue franchissant avec peine la plaine rayonnante de lumière, ne rencontre à l'horizon que le flanc rougeâtre des montagnes stériles. Un air frais y circule, rapide et plein d'aromatiques émanations, à travers les colonnades sans fin ; l'ombre, une ombre légère et douce, projetée par les feuilles effilées des palmiers flexibles, y provoque sans cesse au repos, et mille oiseaux, sautillant au milieu des panaches touffus des grands arbres, égaient de leurs chants le calme qui vous entoure.

Tel est le coup d'œil que présente Laghouat à son abord. En 1852 c'était le centre d'un Khalifat comprenant l'Aghalik du sud, lorsque, le 1ᵉ octobre, le général commandant la subdivision vint la défendre contre le schérif de Ouargla. Le lieutenant général Pélissier, commandant la division d'Oran, et dont le nom, aujourd'hui encore est un sujet d'effroi pour les Arabes, fut chargé de diriger des troupes sur ce point; le schérif Mohammed ben Abdallah s'enferma dans la ville. Plusieurs combats eurent lieu le 19 et le 21 novembre et le 3 décembre ; le 4, dès l'arrivée du général Pélissier le feu fut ouvert contre la ville, et à 10 heures du matin, le drapeau français flottait sur la maison de Ben Salem après un assaut de deux heures, où furent blessés à mort le général Bouscarin et le commandant Morand. Depuis lors Laghouat a été occupé par une garnison française, et c'est la limite de nos possessions dans la province d'Alger. Sa population est aujourd'hui d'environ 5 000 âmes.

Les rues de la ville sont tortueuses ; les maisons construites en torchis ne sont que des rez-de-chaussée couverts de terrasses. La ville est assise sur les deux versants d'une vallée rocheuse et partagée en deux par les forts Bouscarin au sud et Morand au nord. Il y a un hôpital et plusieurs bâtiments militaires. Dans la partie de la ville occupée par les Européens, de belles rues tirées au cordeau se développent entre de doubles arcades, comme la rue Yussuf et celle de la Pépinerie, et sont bordées de gracieuses maisons qu'entoure et domine l'ombrage des jardins et des palmiers. La place Randon présente un quadrilatère formé par l'alignement de beaux édifices pareillement à arcades, et dont l'ornementation extérieure est heureusement diversifiée. Là on voit la façade de l'hôtel du Commandant supérieur, du pavillon des officiers, du Cercle militaire, du Bureau arabe, du pavillon du Génie, du Bazar mozabite, où s'élève un clocheton gracieux, renfermant l'horloge de la ville. Au milieu de cette place, un verger en quinconce est enfermé dans une balustrade de briques construite par souscription, qui laisse une large rue autour de son périmètre. Citons encore les rues Camou, Pelissier et des Palmiers : les maisons des Kaïds des Larba. Les bains maures et français où les baignoires sont en marbre blanc.

L'église est une ancienne mosquée où l'on a fait un beau chœur. Il y a une école des Arts et Métiers et diverses écoles arabes et françaises. Il y a aussi une mosquée pour les indigènes, et les Israëlites se sont fait une synagogue dans leurs bazars.

Sir Wattingtson et moi nous descendîmes à l'hôtel des Touristes, construit aux frais d'une association des chefs indigènes ; là nous fûmes bien traités et pour une faible somme; notre ordinaire se composait en partie de viandes de gazélle de bœuf ou de mouton, d'excellents barbeaux pêchés dans les réservoirs de Tadmid et d'Estel situés à 11 lieues de Laghouat.

Des conserves naturelles d'abricots verts

suppléent aux citrons et s'emploient dans toutes les sauces.

Le commerce d'échange est fort actif à Laghouat, et il s'exerce principalement sur le Tell, consistant en tissus, hénné, maroquins, plumes d'autruche, cuir, ivoire et poudre d'or qui sont apportés par des caravanes de Touarregs venant du Soudan. Les Ouled Naïls et les Larbay amènent des moutons dont la laine le dispute aux plus beaux de l'espèce. Cette laine prend fort bien la teinture. On en fabrique à Laghouat des haïcks et des burnous, mais le commerce principal est toujours le produit des palmiers et la vente des fruits. Un confiseur de Paris est venu s'y fixer pour fabriquer des gelées, des confitures, et des compotes qu'il expédie dans le monde entier.

On a fait, à Ras-el Aïoun, un barrage pour recueillir les eaux de l'Oued-Nzi et les conduire dans la ville. Il a 300 mètres de longeur et 10 de largeur sur 3 de profondeur, et a été creusé par les Beni-Laghouat eux-mêmes et d'autres indigènes. Un grand nombre de puits ont été creusés aussi depuis la domination française, et une amélioration sensible semble régner à cette extrême limite du désert.

Nous assitâmes à Laghouat à une chasse à la gazelle, qui me rappela nos chasses au cerf de France, mais la gazelle est plus légère, plus vive et plus douce. Nous trouvâmes aussi des moufflons, des antilopes et des gerboises, des outardes et des perdrix rouges, et je pus à mon aise me livrer à mes études de naturaliste. On voit aussi l'ouaran espèce de lézard qui a une queue de plus d'un mètre de longueur ; le dob, dont la queue est dentelée en scie. La vipère à cornes qui est très commune et dont la morsure est souvent mortelle, la vipère minute qui donne la mort en quelques secondes.

Le règne animal est encore représenté par le chacal, le lion, la panthère, la hyène dont les hurlements et les rugissements éveillent souvent le touriste au milieu du plus profond sommeil. Nous restâmes quinze jours à Laghouat pour nous reposer et attendre le départ d'une nouvelle caravane, car il aurait été très imprudent d'entreprendre un voyage aussi long et aussi dangereux à trois ou quatre. Nous profitâmes donc du départ d'un chef arabe Mohammed ben Khasem qui se rendait à Oran pour nous joindre à son escorte, et après avoir été autorisés à en faire partie, nous fîmes nos préparatifs de départ.

CHAPITRE XIV

De Laghouat à Géryville. — Saïda. — Frenda. — Tiaret. — Mascara. S.-Denis du Sig. — Notre arrivée à Oran. — Description de la ville.

Notre caravane se mit enfin en route; nous étions soixante-cinq dont huit Français, un Espagnol, deux Juifs et tout le reste Arabes.

La route de Laghouat à Géryville est une des plus tristes et des plus monotones qu'il soit possible de trouver; mais à chaque pas aussi on rencontre des lieux célèbres par l'héroïsme de nos soldats, par des victoires remportées sur les indigènes, quoique bien souvent achetées trop cher au prix de bien du sang. Nous traversons d'abord le Bordj ou village d'Ain Madhy à l'entrée du Djebel, Amour, et Mustapha qui avait assisté au combat qui y fut livré nous en donna tous les détails. Là, 50 tirailleurs algériens et 30 spahis formant un détachement sous les ordres du capitaine Pellas eurent à lutter pendant plus de huit heures contre 622 fantassins des Ouled-Yacoub et plus de cent cavaliers. Ces braves ne songeaient plus qu'à vendre chèrement leur vie, car la résistance devenait impossible, lorsque survint le ghoum des Larba et des Ouled-Nayls qui forcèrent les Arabes à s'enfuir dans leurs montagnes. Ce fait d'armes se passa le 27 mai 1864, nous dit Mustapha et j'en porte encore la marque. Atteint d'une balle, il avait été laissé pour mort sur le terrain.

D'Ain Maddy, nous nous dirigeons sur Sidi Tiffour où nous couchons. Le lendemain nous campions à Ain-Taiba, de là nous allons à Bou-Alem et nous traversons le col du Stillein. Enfin après onze jours de marche et de fatigues nous arrivons a Géryville. Cette localité tire son nom du colonel Géry, qui le premier parut dans le pays à la tête des colonnes françaises. La ville, qui est plutôt un poste militaire est située dans un endroit appelé en arabe El-Abiod. C'est un de nos points les plus avancés dans le sud, et un lieu célèbre par le marabout de Sidi Cheikh l'un des plus grands saints de l'islamisme. Cette tombe attire une foule de pèlerins, et El Abiod est considérée comme la ville sainte du Sahara de la province d'Oran. C'est le centre de l'influence de la tribu des Ouled-Sidi-Cheikh, dont la suprématie est reconnue par tous leurs voisins et cette tribu remuante et fanatique est une de nos plus grandes ennemies, toujours prête au moindre prétexte, à venir inquiéter le Tell et attaquer nos possessions.

Geryville a été fondée à la fin de 1852, et est aujourd'hui chef-lieu d'un cercle militaire commandé par un officier du bureau arabe. Ce point d'occupation consiste en un petit fort, de construction très régulière, avec quatre bastions aux angles, casernes et bâtiments militaires, à l'intérieur. Sous sa protection se trouve un ouvrage en terre qui sert de lieu de campement aux troupes et aux caravanes de passage. On a construit un caravansérail à Ain Sfisiffa et élevé un puits et un bon abri Kherneg-Azir la première étape sur la route de Mascara. On trouve à Géryville un sorte de pierre de marbre excellente pour faire des canées sculptés ou de la mosaïque.

De Kherneg-Azir à Saïda, on a disposé plusieurs caravansérails plus ou moins bien entretenus, plus ou moins bien approvisionnés. Le caravansérail n'est pas une auberge, ni une hôtellerie. C'est tout simplement un grand bâtiment entouré de murs et pouvant servir à la fois de redoute et de magasins. Lorsqu'une caravane arrive, on décharge les chameaux et les chevaux qu'on laisse aller librement chercher leur pâture dans ce pays désert, après leur avoir donné une poigné d'orge ou de grains quelquefois un peu d'alfa, puis chacun se met en quête de ses provisions et fait sa propre cuisine, à moins que l'on ne soit plusieurs vivant ensemble. Le repas fait on se couche sur la terre nue, parfois sur de la paille, lorsqu'il y en a, sur des débris d'alfa ou d'aloès battu, on se roule dans sa couverture et on tâche de se reposer quelques heures.

Le matin vers les quatre heures, on quitte le caravansérail pour profiter de la fraîcheur, et on marche ainsi, jusqu'à ce que l'on ait gagné le suivant.

Saïda est une ancienne ville peu considérable dans la tribu des Beni Yacoub. Abd-el-kader en fit relever les murs d'enceinte, et Mustapha ben Thamy en avait fait son séjour jusqu'en 1855 où la ville fut prise par nos troupes et détruite. En 1856 on y fonda un poste militaire et on y a créé depuis un centre de population peu nombreux encore mais assez plaisant. Les céréales, les pommes de terre et la vigne y sont la base de la culture et tout y vient bien. Le marché est assez fréquenté par les Arabes.

Les travaux de défense consistent en un ouvrage à cornes, où l'on a établi un hôpital, une caserne et des magasins ainsi qu'une poudrière. Les plantations publiques fortes et entretenus par le génie, comprennent près de 2000 arbres de haute futaie et réussissent fort bien de même que les plantations particulières. Un conduit souterrain en maçonnerie de 800 mètres alimente une fontaine à quatre jets. L'excédent de cette source fait mouvoir une scierie et des moulins à farine, et sert à l'irrigation des jardins. On a construit sur l'Oued Saida, qui coule à 200 mètres de la place, un barrage et des canaux qui ajoutent aux éléments d'agriculture. Le pays environnant est fort beau et bien boisé. C'est là qu'on trouve le plus de lions et de panthères. Il y a aussi des carrières de marbre fort beau pour l'ornementation.

Notre route la plus directe était d'aller à Mascara pour de là gagner Oran, mais un caprice du chef de caravane, Mohammed-ben-Kassem, nous fit faire un détour ; il avait affaire à Tiaret et nous ne voulûmes pas poursuivre seuls notre voyage, nous continuâmes à le suivre. Nous arrivâmes à Frendah, ancienne ville arabe, où l'on confectionnait autrefois des couvertures de cheval, et où les indigènes avaient élevé quelques fortications réparées et augmentées par les Français. C'est un endroit malsain et marécageux que les maisons de Sarno rendent dangereux à habiter. Toutefois les terres y sont fertiles et on y a fondé un village et commencé des travaux d'assainissement presque terminés. La plupart des habitants y sont Espagnols.

De Frendah à Tiaret la distance n'est pas excessive, mais les chemins sont peu praticables et surtout pénibles, par rapport à la chaleur et au manque d'eau. La ville est située à 124 kilomètres de Mascara sur la ligne de crête du Tell, à proximité des hauts Plateaux, et à 12 kilomètres des ruines de Tekedempt ou l'émir Abd-el-kader avait établi ses arsenaux, sa monnaie, ses fonderies et ses magasins de munitions de guerre et de provisions de bouche. Tekedempt était une ancienne et opulente ville, abandonnée depuis plus d'un siècle par les Arabes, lorsque toute cette activité y fut apportée par l'émir. Mais tout a été détruit en avril 1852, et on a élevé pour ainsi dire, Tiaret sur ses ruines.

Une enceinte bastionnée, à la Vauban, s'ouvre par trois portes : la principale est celle de Mascara qui donne entrée dans la grand'rue, traversant le quartier civil et aboutissant à la porte du Sud, en face de la première et donnant accès dans le quartier militaire, dit le Fort, où sont les casernes d'infanterie et de cavalerie, les magasins, l'hôpital, la chapelle, le cercle des officiers. La population n'est guère que de 1000 à 1200 âmes, non compris la garnison qui est de 5 à 600 en temps ordinaire.

Il se tient, aux alentours près des murs de la ville, un marché célèbre, qui attire plus de 10.000 Arabes chaque lundi. Tous les objets de luxe y sont apportés et échangés : tapis, bijouterie, plumes d'autruche, cuirs tannés, chevaux de prix, laines, céréales, moutons y trouvent un écoulement facile ; les chevaux de ce canton surtout sont fort estimés. Un fondouch, composé de 24 magasins, offre un asile aux produits apportés des tribus. Il y a un caravansérail pour les Juifs et des bains maures, une pépinière très conséquente, car on y compte plus de 100.000 arbres de toutes espèces. Les environs sont cultivés en céréales et on trouve aussi quelques hectares de belles vignes d'un bon rapport, ainsi qu'une distillerie et deux moulins.

C'est de Tiaret que partit en 1864 le colonel Beauprêtre et tout près de la ville qu'il fut massacré. Parti à la tête d'une compagnie de tirailleurs algériens, d'un escadron de spahis, de quarante hommes du 1er bataillon d'Afrique, accompagné d'un officier du bureau arabe et de quelques hommes du ghoum à la poursuite de Sid Sliman, le fils de Sidi Amza, il fut surpris par les Arabes à la pointe du jour et tué l'un des premiers; deux cent cinquante de nos braves soldats périrent avec lui et les fanatiques arabes se montrèrent d'une cruauté atroce dont les détails font frémir d'horreur.

Il nous fallut cinq jours pour faire les 124 kilomètres qui séparent Tiaret de Mascara, car la route était très mauvaise, vu les pluies qui avaient tombé avec abondance, et plusieurs fois je m'écriai en pensant à la France. Chemin de fer où es-tu et quand donc seras-tu achevé en Algérie? mais mes récriminations ne pouvaient servir à rien et à défaut de locomotive pour nous transporter, nos bons chevaux s'acquittèrent fort bien de leur mission. Je me rappellerai longtemps

Djilali ben Amar, Medjarefit et Tarnisin où nous fîmes halte et où nous arrivions pleins de boue, de poussière et hâletants de fatigues. Aussi ce ne fut pas sans un certain plaisir que nous entrâmes à Mascara et que nous courûmes demander à l'hôtel, le gîte et la table qui depuis Laghouat nous faisaient défaut ; nous nous rattrapâmes ce soir-là de notre jeûne forcé, et nous nous endormîmes bientôt d'un profond sommeil. Mascara est situé à 96 kilomètres d'Oran et de quelque côté que l'on y arrive, cette ville présente au voyageur l'aspect d'une imposante cité. Elle est assise au versant sud des collines qui forment la plaine d'Ehgrès, sur deux manchons séparés par un ravin où coule l'Oued-Toudman et que l'on passe sur trois ponts de pierre. Sa vaste enceinte crénelée, les élégants minarets de ses mosquées, la masse grandiose des édifices militaires, la beauté des vignobles et des jardins que l'on traverse, tout concourt à donner de cette ville une impression favorable.

Mascara a été bâti par les Turcs, il y a environ 150 ans, sur l'emplacement de la colonie romaine de Victoria, par Mustapha Bouchélagram, bey de Mazouna, qui en fit sa résidence et prit Oran en 1708 sur les Espagnols. Sa race y régna jusqu'en 1792, c'est-à-dire près de cent ans. Les Hachems et les habitants de Mascara étaient fort mal considérés par les historiens arabes de l'époque, et on cite d'eux ce proverbe : « une pièce fausse est moins fausse qu'un habitant de Mascara. » C'est là que naquit l'émir Abd-el-Kader qui en avait fait le siège de sa puissance. La ville fut prise le 6 décembre 1835 par le maréchal Clauzel, qui la fit livrer aux flammes et y détruisit l'arsenal et tous les établissements militaires fondés par l'émir. Mustapha ben Thamy y revint et y fut kalifat de Abd-el-Kader jusqu'en 1840, et en 1841 le général Lamoricière l'occupa définitivement et installa pour bey Hadjy-Mustapha Oulid-Osman, notre allié. Depuis elle n'a pas cessé de nous appartenir.

C'est aujourd'hui le chef-lieu de la 2me subdivision militaire de la province d'Oran et la résidence d'un général de brigade qui a sous ses ordres une garnison de 1.800 hommes.

La population y est de 10.000 âmes. La ville très petite à son origine, sous les beys, a pris un grand développement depuis quelques années. Six portes sont percées dans l'enceinte du vaste faubourg d'Aïn Beïda, qui a 3 kilomètres de tour. Ces portes sont celles : d'Oran, de Bab-Ali, de Mostaganem, de Tiaret et de Sidi Mohamed. Il y en a deux à Bab Ali.

Quatre grandes fontaines, abreuvent la ville : la fontaine de la place Louis Philippe dont la coupe en marbre blanc vient des anciens beys ; la fontaine d'Aïn Beïda qui a donné son nom à un faubourg, celle d'Argoub, et celle de la place Clauzel. Elles sont alimentées par l'Oued Sidi Toudman qui reçoit l'Ait-ben-el-Soltan et coule dans le ravin qui sépare la ville du quartier de l'Argoub-Ismaël. Un rocher taillé à pic forme, dans ce parcours un versant d'où l'eau se précipite en cascade dans un précipice très profond. Un des trois ponts jetés sur le ravin, sert de passage aux habitants ; les deux autres sont éclusés pour régler les eaux, l'un à leur entrée l'autre à leur sortie. Le ravin de l'Oued

Toudman, qui avait une longueur de 200 mètres et était au sein même de la ville, un foyer d'infection compromettant pour la salubrité, a été transformé en un fort beau jardin public. Il y a trois rues françaises principales, rues d'Orléans, de Nemours et Louis Philippe. La place d'Armes point habituel de promenade est remarquable par un mûrier séculaire d'une dimension colossale. Les autres places publiques, les autres rues construites à la mode arabe présentent l'aspect de toutes les vieilles cités africaines.

Parmi les monuments on peut visiter le Beylick, où se trouve l'horloge publique édifice de construction espagnole ou italienne et non arabe, l'Hôpital militaire et la maison qui sert d'hôtel au service du Génie, le Cercle des officiers, leur Pavillon contigu à la caserne qui sont de beaux bâtiments, et le magasin à poudre situé à l'Argoub. On voit aussi l'église catholique, d'une assez belle dimension ; c'est une ancienne mosquée consacrée au culte depuis 1842 et dont les nombreux embellissements ont fait un monument assez original, mais fort convenable ; la mosquée d'Aïn Beïda où Abd-el-Kader prêchait à ses coreligionnaires la guerre sainte, et enfin le bureau arabe d'un style mauresque très élégant.

Le commerce consiste en vins, en huiles, en grains, en farines et bestiaux. Les vins surtout y rapportent énormément, car la qualité en est très recherchée.

Le sol qui entoure Mascara est calciné, ce qui ne l'empêche pas d'être très bien cultivé surtout en vignes, en garance, en arachides et en plantes textiles. Le climat est très sain, mais il y fait un froid vif en hiver, et les montagnes voisines se couvrent de neige. En été la température y est très élevée par rapport au sirocco qui vient du désert.

En partant de Mascara il y a deux routes pour Oran, une par El-Bouz Aïn Kébira et Assïam Romis se rendant également à Mostaganem; l'autre directe par l'Oued-el Hammem le Sig et le Tlélat. C'est celle que nous prîmes.

Le village ou plutôt la petite ville de l'Oued el Hammem tend à prendre une grande extension. Il n'est qu'à vingt kilomètres de Mascara, aux bords de l'Habra et au milieu de la plaine de ce nom, qui s'étend sur une longueur de 30 kilomètres aux pieds du Djebel el Djira. A 12 kilomètres de la mer, l'Habra reçoit le Sig et la réunion de deux rivières forme le Macta. Les deux plaines de l'Habra et le Sig forment un cirque d'un diamètre, de 50 kilomètres de longueur, enveloppé par une enceinte de montagnes appartenant au terrain tertiaire. La vallée s'est embellie, assainie et couverte de plantations, grâce au barrage, achevé en 1858 par l'ingénieur M. Ancour, et qui fut en partie détruit en 1863 et rétabli depuis. Ce barrage a 15 mètres de hauteur entre la prise d'eau et le déversoir. La culture du coton est la principale richesse de ce pays avec celle du tabac. Le coton en effet y est d'une belle venue et d'immenses plantations en ont été faites dans toute la plaine de l'Habra.

St-Denis du Sig est à 52 kilomètres d'Oran et à peu près à moitié de la distance qui le sépare de Mascara. Il y a aussi là un barrage magnifique pour contenir le Sig dont les ravages étaient fort grands autrefois. C'est aujourd'hui une commune presque importante par sa position et appelée à s'aggrandir de jour en jour.

Le territoire est entièrement cultivé, et une multitude de constructions importantes s'élèvent dans ses environs. On y trouve trois belles pépinières, et de nombreuses fermes, un marché conséquent et il s'y fait des ventes considérables de coton, tabac, et garance.

De St-Denis du Sig nous allâmes coucher à Ste-Barbe du Tlélat qui est situé entre l'extrémité de la Sebka et la forêt de Muley Ismaël. Cette commune n'existe que depuis 1856, mais la population y est déjà de près de 600 âmes ; de nombreux travaux ont été faits par le Génie pour défricher la plaine du Tlélat. Ste-Barbe n'est qu'à 28 kilomètres d'Oran. Nous arrivâmes dans cette ville, chef-lieu de la province, vers dix heures du matin, et notre premier soin fut de nous rendre à l'hôtel du Nord, où nous déposâmes nos bagages, puis après notre déjeuner, nous allâmes faire notre tournée, pour jouir de la physionomie locale et commencer à visiter les édifices, car des lettres pressantes que j'avais trouvées à la porte, demandaient mon retour à Alger et de là en France.

Autrefois le port d'Oran n'était pas achevé et les navires pour leur sûreté devaient rester à Mers-el-Kébir, à 8 kilomètres d'Oran, qui servait de port à la ville, mais depuis que celui-ci est achevé l'importance de Mers-el-Kébir a bien diminué pour augmenter celle de la ville. Les bâtiments mouillent devant la ville ; et la jetée qu'on a faite, les remblais qui ont été exécutés pour la faire et qui ont formé la place de la Douane, ont entièrement changé l'aspect d'Oran. Le débarcadère est entre le fort Lamouna et la ville, c'est l'ancien, et il est peu praticable par les gros temps. On en construit un nouveau, près de la cité, qui aura l'avantage d'être plus commode et surtout qui sera plus beau que celui qui existe. Du reste le port d'Oran sera bientôt contigu avec celui de Mers-el-Kébir par suite des immenses travaux qu'on a entrepris pour l'agrandir.

Oran est l'Unica Colonia des Romains et le docteur Shass retrouve leur Portus Magnus dans Mers-el-Kébir. Elle s'est successivement appelée Ara et Auranum, et a enfin été restaurée sous le nom d'Oran. Cette ville a subi de nombreuses vicissitudes. Brûlée en 909 par les Berbères, rétablie l'année suivante, saccagée complètement en 954, prise par les Almohades en 1145, elle dépendit du royaume de Tlemcem, en 1220, à la fondation de la dynastie des Zynamites. En 1500, les Maures, chassés d'Espagne, y accoururent en foule et Mers-el-Kébir devint célèbre par ses corsaires. En 1505 Ferdinand le Catholique envoya ses troupes qui s'emparèrent de ce port, et à la faveur de cette conquête, quatre ans plus tard, Oran devenait la proie des Espagnols.

Ce n'était alors qu'un simple village, au sommet duquel s'élevait une kasbah. Les Espagnols bâtirent leur ville nouvelle aux pieds de cette cathédrale, et relevèrent les fortifications ; ils entourèrent d'une même muraille la ville moresque et la ville arabe que séparait un ravin. Hassan Pacha, roi d'Alger et fils de Barberousse ne put pas réussir à chasser les Espagnols de leur ville, mais il s'en vengea en prenant Mostaganem au roi de Tlemcem. Oran resta jusqu'en 1708 sous la domination espagnole et à cette époque fut pris par le bey Mustapha Bouchelagram. Ce succès ne profita pas au vainqueur qui s'étant révolté contre le dey d'Alger fut battu et décapité. Sa tête fut attachée à la porte Bab-Azoun. Les Espagnols reprirent Oran en 1732 par un hardi coup de main et l'occupèrent jusqu'en 1790, où ils l'évacuèrent à la suite d'un traité fait avec le dey d'Alger. Ils y ont laissé des souvenirs de leur passage dont nous parlerons tout à l'heure. Oran resta sous la domination des deys jusqu'en 1830, époque où nos troupes l'occupèrent ; mais les révoltes d'Abd-el-Kader nous l'enlevèrent plusieurs fois. De nombreuses révoltes éclatèrent et durent être apaisées par la force. Enfin l'émir nous reconnut maîtres de cette ville par le traité de la Tafna. Mais elle ne nous appartint bien définitivement qu'après les combats du Figuier, les 5 et 6 mars 1840. Depuis la tranquillité n'y a plus été troublée.

Oran est la résidence du général de division, commandant en chef de la province du préfet et des chefs de service de toutes les administrations. Il y a un tribunal de première instance et une chambre de commerce. La population est d'environ 35000 âmes et a presque doublé depuis 1857 où elle n'était que 21000.

La ville offre un aspect grandiose qu'elle doit au vaste déploiement de son golfe et au rideau des hautes montagnes qui l'entourent, autant qu'aux nombreux ouvrages de fortification élevés par les Français et les Espagnols. Rien de plus imposant à voir en effet que les positions du fort San-Grégorio à l'ouest, du fort Sainta Cruz sur le sommet de de la montagne et du marabout d'Abd-el-Kader couronnant le mamelon d'Alméida, en dominant tout le golfe ; le fort Sainte-Thérèse, le Chateau Neuf, le Château Vieux, le fort Saint-André et le fort Saint-Philippe, la Kasbah, les quartiers de Cavalerie et d'Artillerie complètent l'ensemble de ce tableau martial et magnifique. Par-dessus tout cela, les travaux de défense qui dominent Mers-el-Kébir terminés par une tour et un phare, s'avancent à l'est avec une élégance toute guerrière. Au centre de tout cela les maisons neuves ou restaurées de la ville et les minarets des mosquées donnent à la ville un caractère d'originalité; les plantations forestières faites au flanc de la montagne de Santa Crux embellissent le paysage d'une masse de verdure qui le relève et charme la vue du touriste. N'est-ce pas en vérité un coup d'œil charmant?

Le périmètre d'Oran, dans ses remparts est de 72 hectares. Les fortifications qui l'entourent et s'ouvrent par cinq portes sont estimées avoir coûté plus de 50 millions. Tout le génie des Castillans semble s'être épuisé dans ces travaux qui portent leur cachet avec un noble orgueil et font honneur à leur science de la guerre.

Oran a une physionomie fort irrégulière qui provient du mélange des constructions arabes, turques, espagnoles et françaises. Toutefois, la ville conserve une apparence tout à fait européenne, à laquelle l'activité du commerce vient ajouter une complète illusion. Bâtie sur deux plateaux allongés, qui viennent finir à la plage où est le quartier de la Marine, elle est divisée en deux par le ravin de l'Oued-el-Rhhi. Ce ruisseau est caché dans un tunnel, et les décombres, les déblais de toute espèce jetés dans le vallon ont rapproché les deux quartiers qui communiquent entre eux par le moyen de ce terrassement.

La rue Philippe, bordée d'arbres séculaires, prolonge la rue d'Orléans, qui monte de la Marine en pente douce ; elle met en relation la petite place Kléber, où se trouve un pont en pierre sur le ruisseau, avec la place du Marché, le quartier de l'Hôpital et celui de l'Eglise. Plus haut à l'entrée des jardins, est encore un pont qui joint le Château Vieux au fort Saint-André. La ville est bien percée, les rues sont larges, mais irrégulières les principales sont : les rues Philippe, Oudinot, Napoléon, de Vienne et de la Marine.

Les maisons sont presque toutes bâties à la française, agréablement décorées et bien distribuées. Les plus belles places sont : les places Napoléon, d'Orléans et de l'Hôpital. Le général de division réside au Château Neuf, dans une habitation mauresque consistant en portiques, galeries et kiosques, en jardins et parterres réservés. On s'est efforcé d'approprier ce bâtiment aux exigences de la vie européenne et c'est un petit hôtel bien orné, bien décoré et richement meublé d'où la vue est superbe. A cela, il n'y a qu'un seul inconvénient, les vents qui y soufflent sans cesse avec une violence inouïe.

Ce qu'il y a de curieux à visiter à Oran, ce sont les bâtiments construits par les Espagnols. Outre les forts que nous avons cités, on remarque : sur le quai Sainte-Marie, une darse et sept autres magasins creusés dans le roc ; des casernes, trois églises, un colysée pour la course des taureaux ; l'église principale située place des Carrières est une ancienne mosquée assez belle d'architecture, dans le genre de celles qu'on trouve en Espagne. Les indigènes ont une mosquée. L'hôpital civil et l'hôpital militaire sont de beaux édifices, la préfecture ne manque pas de magnificence. Ajoutons à cela les trois grandes casernes Saint-Philippe, le Château Neuf et la Kasbah, et nous aurons de la ville une image parfaite.

Le théâtre, bâtiment fort modeste qui est

desservi par une troupe d'artistes alternant avec Mostaganem et Mascara est situé près de la promenade Letang, qui est très fréquentée et où viennent donner concert les musiques militaires de la garnison.

La ville possède de nombreux hôtels et plusieurs grands cafés, ceux de Paris, du Commerce, du Théâtre, de la Perle, pourraient rivaliser avec nos grands établissements de France et le grand café des Concerts, celui des mille Colonnes servent de cafés chantants. Les grands bals ont lieu pendant l'hiver et le carnaval à la Loge Maçonnique.

L'eau, qui vient de l'Oued-el-Rhhi, ne manque pas à Oran, elle y est conduite par un acqueduc souterrain et entretient plusieurs grandes fontaines et un immense réservoir. L'industrie consiste en fabriques de pâtes et de sparteries. Les tapis en aloès d'Oran sont très renommés ainsi que ceux en alfa. Il y a des teintureries exprès pour ces végétaux, qui s'exportent en grande quantité. On voit aussi une foule de moulins à vent, à eau et à vapeur, dans les faubourgs mais le commerce n'y est pas bien conséquent. Oran est et restera toujours une ville purement militaire, par sa position et comme dans toutes les grandes villes militaires, l'animation n'est dûe qu'au grand nombre de troupes qui y entretiennent, la richesse et le commerce.

CHAPITRE XV.

Les environs d'Oran. — Excursion dans la province Miserghinn. — Amtimonchen. — Sidi-Bel Tlemcem. — Nedromah. — Nemours. — Mostaganem. Orgew-Magagran. — Retour à Oran. —

Le pays est découvert et aride, bien que la terre n'y soit pas stérile. Vers le lac Sebka, la plaine est complètement inculte. On y voit çà et là quelques bouquets de lentisques, des palmiers nains, des haies de cactus et d'aloès. Un figuier célèbre par le camp qui y fut établi, et qui existe encore, un caroubier, près de Mes-el-Kébir visité par les promeneurs étaient naguère les deux seuls arbres qui ombrageaient la campagne. Entre les pieds de l'Atlas et du Djebel Santo, s'allonge la Sebka, vaste lac occupé en hiver par des flaques d'eau qu'y déposent les torrents des montagnes voisines, et en été ne présentant plus qu'un champ de sel immense, traversé à pied sec par les hommes et les animaux. Du côté de la Sénia on voit de riches cultures; des champs en plein rapport et d'une étendue considérable entourent des habitations gracieuses, et bordent la route.

Il y a dans la banlieue d'Oran 140 à 150 grandes exploitations agricoles pour l'élevage du bétail, la culture des céréales, du tabac, des cotons et de mûriers.

Depuis quelques années, on s'y occupe aussi beaucoup de la vigne qui donne d'excellents résultats. Les plus petites fermes sont livrées aux cultures maraîchères et au jardinage.

Un des faubourgs d'Oran Karguenta est compris dans la banlieue et n'en est séparé que par un petit ravin plein de jardins qui cantonne la route de Mostaganem. Il y a là une grande église, une halle aux grains, un magasin de tabac, un quartier de cavalerie, un magasin de subsistances, et la population est de près de cinq mille âmes.

A huit kilomètres de la ville est Mers-el-Kébir, très fréquenté et centre de commerce du chef-lieu. La route qui y conduit est large et belle, bordée d'un parapet en pierres et d'une haie d'aloès. On y remarque une grotte qu'on appelle les bains de la Reine où il y a une source d'eaux thermales et un petit établissement de bain. Ce nom de bains de la Reine vient de l'Infante Jeanne, fille d'Isabelle la Catholique qui y trouva, dit-on, la santé. Ces bains sont assez célèbres dans le pays.

Pour commencer notre excursion dans la province, nous nous dirigeâmes sur Tlemcem. Notre première halte se fit à Misserghin à 15 kilomètres d'Oran et au bord de la Sebka. C'était autrefois le lieu de Plaisance des beys d'Oran, qui y avaient un palais champêtre, aujourd'hui c'est un centre de population assez fort. Le vallon de Misserghin est très sain et est arrosé par un ruisseau qui le fertilise. Il y a à Misserghin une magnifique pépinière, un orphelinat de garçons, fondé par l'abbé Abram, un refuge pour les filles repenties connu sous le nom du Bon Pasteur, et un orphelinat de jeunes filles dirigé par les religieuses Trinitaires.

Nous couchâmes à Misserghin, et nous partîmes de grand matin pour aller à Ain-Temouchen, distant de 55 kilomètres. Nous y arrivâmes fatigués et couverts de sueur, nos chevaux eux-mêmes étaient haletants; aussi nous ne pensâmes guère qu'à réparer nos forces par un bon repas et un peu de sommeil.

Ain Temouchem est l'ancienne Timici Colonia des Romains. C'est aujourd'hui un fort marché où les Arabes apportent des grains et de la laine. Il y a un petit camp occupé par deux compagnies d'infanterie. Le chemin de fer qui relie Oran à Tlemcem et va aujourd'hui jusqu'à Kreider, a donné une grande importance commerciale à ce bourg. Il possède une magnifique place ombragée par de beaux accacias et ornée d'une fontaine. On y trouve du bois de construction, et le sol produit des pierres, de la chaux, de l'excellente terre glaise pour les tuiles et les briques; on a bâti deux tuileries ou briqueteries.

D'Aïn Témouchen à Sidi Bel Abbès il n'y a qu'une quinzaine de kilomètres, et nous arrivâmes de bonne heure dans cette ville. C'est le chef-lieu de la 3ᵉ Subdivision militaire d'Oran, et la résidence du général de Brigade. La population atteint de 5 à 6000 âmes. Sidi bel Abbès est une ville entièrement européenne, qui semble perdue dans une forêt de verdure ; ce sont les plantations qui ombragent les rues, les boulevards, les routes, le lit de la rivière, les jardins et les villas des habitants.

La ville, enfermée par un mur crénelé, bastionnée, et défendue par un large fossé, s'ouvre par quatre portes, qui sont celles, d'Oran, de Daya, de Tlemcem et de Mascara. Elle est divisée en deux quartiers bien distincts ; le quartier militaire et le quartier civil.

Le quartier militaire comprend tout un vaste système de beaux établissements, pour le campement, les subsistances, le Génie ; il y a des silos magnifiques pour conserver les grains ; l'hôpital contient 600 lits, les casernes d'infanterie peuvent recevoir douze cents hommes, celle de cavalerie trois cents chevaux ; il y a aussi un cercle pour les officiers et la demeure du général est assez belle.

Le quartier civil est percé de larges rues, bien construites, se coupant à angles droits et présentant une grande activité. Les plus belles places sont celles du Quinconce, celle de l'Église, celle du Marché qui sont décorées de fontaines dont les eaux parcourent toute la ville. Un grand marché a lieu, le jeudi à la porte d'Oran, les Arabes y amènent des chevaux et du bétail, et apportent des laines, des tapis et du blé ; ils y achètent des briques, du cuir et des farines. Sidi bel-Abès possède plusieurs écoles et un télégraphe, trois beaux cafés dont un sert de café-concert, celui de l'Univers, il y a même un petit théâtre et plusieurs hôtels bien tenus.

Aux pieds des murs de la ville est l'ancienne ferme de la légion étrangère qui est devenue une pépinière et un parc qui seraient admirés en France. Les broussailles environnantes qui jadis servaient de repaires aux lions, aux hyènes, aux chacals, aux sangliers, ont fait place à de beaux jardins dont les habitants retirent des grands profits.

Le Tessala est un sommet de mille mètres d'altitude, appartenant à la grande chaîne qui sépare Bel Abbès du littoral oranais. Une brume épaisse la recouvre une partie de l'année. C'est le baromètre du pays et les indigènes ont l'habitude de dire : « Quand le Tessala met son bonnet de nuit, Sidi Bel Abbès se réjouit, il pleuvra. » L'autorité militaire a toléré entre Sidi Bel Abbès et Tlemcem l'ouverture de deux caravansérails, car ces deux points sont distants l'un de l'autre de 66 kilomètres. Un d'entre eux est ouvert à Mechera K'teb. Nous y couchâmes le premier soir, le lendemain il fallut nous arrêter à celui de la Tafna. C'est là qu'on me montra la table sur laquelle avait été signé le fameux traité de la Tafna entre Abd-el-Kader et le maréchal Bugeaud, ainsi que la chambre que ce dernier avait occupée. Nous arrivâmes à Tlemcem le surlendemain de notre départ de Bel Abbès.

Tlemcem, au dessus d'une plaine onduleuse est agréablement situé sur un petit plateau au pied du Lalla Lety, croupe rocheuse qui provient du Djebel-Terny. La pépinière, le Bois de Boulogne et une forêt d'oliviers forment une ceinture de toute beauté autour de la ville. Elle a été bâtie sur les ruines de l'antique Siga jadis capitale de la Mauritanie ; selon l'honorable M. Mac Carthy, c'est au contraire Pomaria, si florissante au IIe siècle de notre ère. Elle ne fut pas détruite par les Vandales ; les Zénètes qui l'occupaient, leur payèrent un tribut et restèrent maîtres de la cité qu'ils nommèrent alors Djidda, pendant plus de 300 ans, jusqu'au jour où Yousuf fondateur de la puissance Almoravide, l'annexa à son empire. Après les Almoravides, les Almohades y régnèrent. Yagh-Morassan un d'entre eux se déclara indépendant et fut le chef de la dynastie des Zianites ; il fit de Tlemcem un véritable royaume dont la richesse devint fabuleuse en peu de temps et qui fut en guerres presque continuelles avec les sultans de Tunis, du Maroc, de Fez et de Bougie.

Un sultan de Fez Yousuf-ibn-Yacoub-Al-Manzour vint, en 1302, attaquer la ville avec des forces immenses et resta prés de sept ans devant ses remparts. Il éleva une véritable ville en place de camp. L'enceinte carrée que l'on voit encore aujourd'hui est désignée sous le nom de Mansourah. Elle est formée d'une muraille en pisé de 7 à 8 mètres de hauteur et 2 mètres d'épaisseur, défendue par des tours carrées de 30 mètres en 30 mètres. Quatre portes se correspondent sur les quatre faces. Un minaret hardi dont il ne reste que la moitié sur toute la hauteur s'élève à l'intérieur sur un ressaut de terrain, vers l'angle nord-ouest. Ce minaret est une des ruines les plus curieuses et les plus extraordainsire que l'on puisse rencontrer. Les fouilles ont fait trouver de jolies sculptures sur marbre et des inscriptions qui ornent les jardins de la mairie de Tlemcem.

Les Merynites devenus maîtres de Tlemcem par la trahison et l'assassinat, la gouvernèrent pendant quarante ans et la perdirent en 1348. Le royaume se composait des villes de Nedromah, Djidjelli, Oran, Mers-el-Kebir, Arzew, Mostaganem et Mazagran, il était riche et Léon l'Africain vante l'opulence des rois de ce pays dont le palais était dans la citadelle nommée le Méchouar. Cette splendeur s'éclipsa entièrement lorsque Barberousse s'empara de la ville en faisant périr Bou-Zian qui l'avait appelé à son secours contre les Espagnols. Bou Zian et ses sept fils furent pendus avec la toile de leurs turbans, aux piliers du Méchouar et tous les membres de la famille royale furent précipités dans un étang. Barberousse ne porta pas longtemps le fruit de sa cruauté. Obligé de s'enfuir nuitamment de la ville, il fut attaqué par les Espagnols sur les bords du Rio-Salado, aujourd'hui l'Oued-Moleh, et trouva la mort dans le combat. Bou-Amrou, placé sur le trône se reconnut tributaire de l'Espagne, et, pendant plus d'un siècle, la ville fut tour à tour livrée aux Turcs et aux Espagnols devenant un véritable centre d'insurrection. En 1670 elle fut presque entièrement détruite par le bey Hassan qui en avait reçu l'ordre du dey d'Alger.

Tlemcem se releva peu à peu, mais ne parvint jamais à atteindre son ancienne splendeur. Prise en 1830 par l'empereur du Maroc, elle fut occupée par les Koulouglis qui se donnèrent à la France moyennant une solde fixe. En 1834 Abd-el-Kader entra dans la ville et les en chassa. La ville fut en 1836 reprise par le maréchal Clauzel qui y laissa le capitaine Cavaignac, dans la citadelle avec un bataillon ; puis cédée à l'Emir par le traité de la Tafna, en 1837, et enfin occupée par les Français pour la dernière fois en 1842, époque depuis laquelle la ville nous est restée.

Tlemcem est le chef-lieu de la cinquième subdivision militaire de la province d'Oran, et la résidence d'un général de brigade. La population est d'environ 25.000 âmes dont un cinquième d'Européens. Cette cité si importante pendant des siècles avait autrefois sept enceintes, dont on retrouve encore des débris. Aujourd'hui elle n'a plus qu'un rempart de 4 kilomètres de tour embrassant une superficie de 70 hectares et percé de cinq portes d'un aspect monumental qui sont : les portes de Fez, des Carrières, du Sud, Bou-Meddin et d'Oran.

Le Mechouar, ancien palais des rois est devenu la citadelle. C'est un rectangle de

260 mètres sur 180, dont les longues faces sont parallèles à la montagne. Le mur en pisé à larges créneaux est élevé de 12 à 15 mètres, percé de deux portes et armé de canons d'un petit calibre. Il est défendu par deux tours rondes. Dans l'intérieur du Mechouar, on trouve l'hôpital militaire qui a 350 lits, une caserne, la sous-intendance, la manutention, le campement, la poudrière et la prison. C'est tout ce qui reste de ce célèbre palais des rois de Tlemcem.

La ville, à première vue, a un aspect assez triste. La plupart des maisons des indigènes sont en ruine, on dirait une ville qui vient de subir un bombardement. Les plus beaux quartiers appartiennent aux Juifs qui construisent peu ou construisent mal. Le quartier neuf est exclusivement européen et a de belles rues, dont les principales sont les rues Napoléon, Clauzel, de l'Abattoir, de Mascara et la rue Neuve. L'éclairage est superbe, et il y a plusieurs belles maisons, entre autres la brasserie Flokner et l'hôtel de France, l'hôtel du général, le pavillon des officiers, la demeure du Khalifa, le cercle des officiers qui possède une bibliothèque. On y voit une église et une chapelle catholiques, un temple protestant, une grande mosquée pour les Arabes, deux autres plus petites, celle de Sidi-Brahim et de Sidi-Daoudi, des marabouts, plusieurs synagogues. L'hôtel de la Poste et la Mairie sont de petits monuments. Dans le jardin de la Mairie on trouve une sorte de musée d'antiquités. Outre ces maisons remarquables, on trouve à Tlemcem des hôtels, de nombreux cafés et deux brasseries.

Sur la place St-Michel, on a élevé une fontaine vraiment architecturale et ombragée par de beaux arbres. Dix-neuf autres fontaines publiques abreuvent la ville au moyen des eaux de l'Oued Kallah et de l'Oued Kissa avec lesquelles on alimente dix abreuvoirs et deux lavoirs. L'esplanade du Méchouar ombragée par quatre rangées de beaux arbres, le bois de Boulogne en dehors de la ville et le Grand Bassin sont de belles promenades.

Outre la place St-Michel, il y a encore les places Napoléon, des Victoires, d'Armes et

Bugeaud. Sur la place Kesaria se tient tous les jours un marché aux laines conséquent. A Bafrata, en dehors de la ville, il y en a un autre pour les huiles, les blés, les légumes et les fruits, ainsi que pour les fusils, les pistolets, les selles, les chaussures en maroquin et les tapis. Comme industrie, Tlemcen possède une filature de laine, plusieurs usines à huile et 25 moulins à farine.

Le paysage offre les sites les plus variés, où l'abondance des eaux apporte la fécondité et le mouvement de la vie. Six belles cascades amènent de la vallée de Mafrouk, les eaux du Saf-Saf qui tombent à une profondeur de 300 pieds et de là s'écoulent dans la vallée du Lorzet; elles sont portées dans le ravin d'El-Kallah, où deux petits ponts de pierre les traversent et sous le nom de Sikah, se réunissent à l'Isser après un parcourt de cinq heures.

En sortant de Tlemcem, nous prenons la route de Rachgoun, que nous quittons bientôt pour traverser la Tafna et nous ne tardons pas à arriver à Neromah. Cette vieille cité, selon les uns, est l'Urbana de Ptolémée, suivant les autres, l'antique Kalama. Elle est située aux pieds du Djebel Filàouen, non loin du col de Bab Tadza, en vue de la mer, et fortifiée par une haute muraille. Une végétation riche et abondante l'entoure. C'est là que viennent s'approvisionner les bouchers de toute la province au grand marché de bestiaux, qui est tous les jeudis, le rendez-vous des Marocains et des Benni-Snassen. Les tissus et les poteries de Nedromah sont fort recherchés.

Nous ne nous arrêtons que quelques heures à Nedromah et nous allons à Nemours situé à seize kilomètres, où nous arrivons dans la soirée et nous descendons à l'hôtel des Voyageurs, d'assez belle apparence.

Nemours est l'ancienne Gypsaria, nommée Djemâ Ghazaouar par les Arabes, c'est-à-dire la Mosquée des pirates, à cause d'un édifice religieux qui s'élève à mi-côte du rocher de Tount, où est actuellement un phare. C'est à quelques kilomètres de là que périrent en 1845 le brave colonel de Montagnac avec 60 hussards et 350 chasseurs d'Orléans qui s'immortalisèrent pendant trois jours par leur héroïque défense du marabout de Sidi-Brahim. Attirés dans une embuscade, ils y trouvèrent la mort, et quatorze d'entre eux, seulement, parvinrent à regagner Djemâ Ghazaouat, qui changea l'année suivante son nom arabe contre celui de Nemours qu'elle porte aujourd'hui.

La ville est enfermée dans une simple chemise bastionnée, qui couronne les crêtes en rejoignant la mer, et s'ouvre par les portes de Nedromah et du Tount. C'est un centre encore peu important mais dont nos relations avec le Maroc finiront par faire une ville conséquente. La population a plus que triplé en vingt ans et s'accroît journellement. Peu ou plutôt point de monuments, ni même de bâtiments méritant ce titre, si l'on en excepte deux ou trois cafés ou hôtels, et le cercle des officiers. Le sol est très fertile en jardinage et en arbres fruitiers, et le commerce y est assez considérable, car les Marocains y apportent chaque jour du blé, de l'orge, du miel, de la cire, des œufs et de la volaille. C'est une des villes de l'Algérie où la vie est à bon marché; de plus, Nemours a une rade et un débarcadère, et sans que cette rade soit bien sûre, elle est d'une grande commodité. On est à s'occuper d'un port en ce moment pour l'intérêt même du commerce de la France avec le Maroc, et il est certain que lorsqu'il sera terminé, la ville prendra des proportions plus grandes et deviendra une de nos villes importantes. Nous prenons passage de Nemours à Mostaganem sur une petite goëlette espagnole qui nous y conduit en deux jours, avec un bon vent et une mer superbe, et nous mouillons vis-à-vis du ravin sur lequel la ville est assise. Quelques instants après nous sommes à terre, et nous allons demander un gîte et un bon repas à l'hôtel des Pyrénées, où nous nous installons.

Mostaganem était dans l'antiquité une agglomération de villages fondés selon Léon l'Africain par les Vandales. L'Almoravide Youssouf ben Taschefym y bâtit un château que nous appelons aujourd'hui le fort des Cigognes. Mostaganem appartint longtemps au royaume de Tlemcen. Sous Barberousse, agrandie par l'arrivée des Maures fugitifs d'Espagne, sa population s'accrut rapidement et elle devint une cité importante et opulente ; mais qui suivit les destinées d'Oran et de Tlemcen, appartenant tantôt aux Turcs, tantôt aux Espagnols, et enfin aux Arabes. Depuis 1832, Mostaganem nous appartient, mais n'a été reconnue bien en notre possession qu'en 1841.

Mostaganem est le chef-lieu de la deuxième subdivision militaire de la province d'Oran et résidence d'un général de brigade. C'est aussi une sous-préfecture. La population est de 15,000 âmes dont un tiers est composé d'Européens. La ville est bâtie sur une colline élevée que contourne l'Oued Safna et entourée d'une enceinte crénelée. Le fort des Cigognes qui la défend est aperçu de fort loin à cause de la blancheur de ses murailles et de leur configuration. Une belle caserne se montre aussi avec avantage. De la mer on voit la grande place dont le périmètre carré est bordé d'arbres et encadré de belles constructions à arcades. De l'autre côté de l'Oued Safra s'étend le quartier de Matamore qui domine toute la ville et se trouve lui-même dominé par le fort de l'Est, dans lequel se trouvent tous les bâtiments militaires. Il y a cinq portes à la ville : celle de Matamore, des Medjers, de la Marine, de Mascara et d'Arzew.

La ville d'un aspect riant, à conservé son caractère mauresque dans la partie basse. La grande rue Napoléon toute bordée de maisons à arcades, qui se prolongent jusqu'à la porte de la Marine, les rues de Tlemcem, de Matamore et du faubourg, sont les plus remarquables. Les places : sont la place du Sig, du 1er de Ligne, des Cigognes et de la Halle, où toutes les maisons bâties uniformément, ont des arcades et des galeries.

Le marché se tient tous les jours sur la place du Sig et à la Poissonnerie. Le commerce a pour objet les bestiaux, les laines, le coton, le tabac, et les graines. Il y a des minoteries conséquentes, des tanneries, des briqueteries, et des fours à chaux, aux abords de la ville.

Outre la grande caserne, il y a encore un camp occupé par la cavalerie et le train des équipages. Les Turcos sont casernés dans une ancienne mosquée et les différents corps en garnison dans la ville y ont des magasins pour leur matériel. A Matamore, un vaste hôpital contient 1000 lits, et il y existe aussi un cercle militaire.

L'église catholique est bâtie en saillie sur la Halle qu'elle dépare. On trouve un oratoire protestant, une mosquée pour les Arabes, une synagogue pour les Juifs, plusieurs écoles communales, un tribunal. Le local qui sert aux réunions du tribunal est un petit monument fort joli et d'une construction originale ; la sous-préfecture, la Mairie sont d'assez beaux bâtiments, enfin la halle aux grains, la halle aux poissons, le caravansérail arabe donnent à la ville un aspect curieux et original tout à la fois, et une grande animation. C'est un-va-et vient continuel. Le ravin de Matamore offre avec la grande Place une promenade charmante.

Pendant quatre mois de l'année, les dimanches, mardi et jeudi, s'ouvre une jolie salle de spectacle, trop petite au gré des amateurs et assez défavorable à l'Opéra. J'y allai un jeudi avec Vattingtson. On donnait ce jour là un drame : les Orphelines de la charité et un vaudeville : Monsieur va au cercle. Ce qui me sembla le plus curieux c'est que c'était une représentation extraordinaire donnée par la garnison en l'absence de la troupe théâtrale qui était à Oran, et je dois l'avouer, les sous-officiers et soldats qui remplissaient les rôles les rendirent avec un entrain et un talent remarquables. Les rôles de femme étaient tenus avec autant de grâce que si on avait eu sous les yeux de véritables actrices, et on était à se demander parfois si ce n'était pas une fiction et si l'on avait bien sous les yeux des hommes costumés en femmes. Le général et une partie de l'état-major assistaient au spectacle qui finit très tard, et dont je garderai longtemps le souvenir. Il n'y a que le soldat français pour savoir se rendre à la fois utile et agréable et délasser une population dans ses heures de loisir. Du reste Mostaganem est la ville d'Algérie, où l'on s'amuse le plus, a dit M. Duval dans son excellent ouvrage, *le Tableau de l'Algérie*

On peut, si l'on y tient, prendre des voitures de place pour la promenade, en un mot tout semble faciliter le bien-être et l'agrément de la vie dans cette ville.

Trois faubourgs se développent aux environs : Tegditt spécialement occupé par les indigènes qui y cultivent des légumes et des fruits. Régmont et la Marine dont la population est entièrement composée de jardiniers génois et espagnols, de chevriers maltais et de pêcheurs de toutes nations. A un kilomètre de la ville est située la pépinière publique et un peu au-dessus on voit le Haras, bel établissement à visiter, peuplé de chevaux, de juments et d'élèves de toute beauté, qui est entouré d'un superbe jardin. La campagne a la réputation d'être la plus fertile de l'Algérie. Avant de quitter Mostaganem je voulus, en compagnie de sir Wattingtson, aller visiter Mazagran, cette petite ville rendue à jamais célèbre par l'héroïsme de ses défenseurs ; C'est là que en 1840 Mustapha ben Tamy Khalifat d'Abd-el-Kader vint avec 12000 Arabes attaquer ce misérable réduit, où tenaient garnison 123 hommes du 1er bataillon d'infanterie légère d'Afrique commandé par un vaillant, le capitaine Lelièvre. Il livra quatre assauts soutenus par deux pièces d'artillerie et cependant il dut céder et battre en retraite. L'intrépidité et le sang-froid de ces braves soldats le forcèrent à se retirer et ce fait d'armes mémorable est un des plus beaux que l'histoire militaire de notre colonie ait eus à enregistrer dans ses annales. Le mur d'enceinte de Mazagran a été relevé depuis cette époque et réparé, et une colonne monumentale, ouvrage de M. Latour s'élève sur le fort pour perpétuer à jamais le souvenir de cette belle défense. La ville est située sur le versant occidental d'une colline très raide. Le plateau est livré aux céréales, le flanc et le bas de la colline sont couverts de beaux jardins et vergers. La redoute forme le sommet d'un triangle entre la plaine, la mer et la ville. On a surnommé Mazagran le diamant de la province. Une très jolie église avec une école pour les deux sexes, et une mairie sont les bâtiments communaux de la localité. Sur la place de la Ville, il y a une belle fontaine. La vigne et le mûrier sont les principales cultures du pays.

En sortant de Mazagran on rencontre Ouréa petit village resserré entre la mer et les collines, et qui n'a aucune importance. Nous ne faisons que le traverser et nous arrivons dans l'après-midi à Arzew. Dès que nous fûmes arrivés à l'hôtel de la Régence, nous nous hâtâmes d'aller visiter le vieil Arzew. situé sur une hauteur à 4 kilomètres de la plage. Là se trouvent des vestiges incontestables d'une grande splendeur ; inscription, tombeaux, mosaïques, chapiteaux, colonnes, temple de Neptume, cirque et théâtre, médailles antiques des empereurs romains, etc. Cette ville fut ruinée par les Arabes, lors de leur invasion en Afrique, et relevée par les rois de Tlemcem. C'était le Portus Deorum des Romains auquel venait aboutir la voie romaine de Victoria (Mascara). Les Turcs y avaient d'immenses magasins de grains, et les Espagnols y avaient construit un quai en pierres fort long, qu'on a en partie réparé. En 1831 le cadi Bethouna pourvut de vivres et de chevaux, nos troupes bloquées dans Oran, et Abd-el-Kader, s'empara de ce vieillard qui l'avait élevé et le fit étrangler à Mascara, ce qui exaspéra la population d'Arzew et le général Desmichel profita de ces dispositions pour s'emparer de la ville, qui après le désastre de la Macta, servit de refuge à nos soldats. Le traité de la Tafna nous en assura la possession et depuis lors elle s'est rapidement accrue en importance et en population et ce qui contribuera encore davantage à lui donner de la richesse et du bien-être ce sera son port qui est bien situé, offre un bon mouillage et est très fréquenté par les courriers d'Algérie en France qui y font escale. C'est en réalité le plus beau de la province.

La ville par elle-même est triste, et peu animée. On n'y voit pas de monuments, et ses maisons sont délabrées, un grand nombre sont abandonnées. Les seuls bâtiments qui méritent d'être vus sont : la Direction du port, le Pavillon des officiers et de la Douane. Il n'y a pas de phare, mais simplement un réverbère sidéral qui porte à deux milles de distance. Le fort Lapointe protège le port et la rade.

L'église d'Arzew est une des plus jolies et des mieux entretenues de la province d'Oran. Citons aussi la Mairie et l'Ecole communale, qui sont simples, mais bien contruites. Sur les places d'Isly, Philippe et Clauzel, il y a une fontaine. Une sorte de boulevard a été frayé et planté d'arbres en dehors des murs de la ville qui sont percés de deux portes, et un abattoir a été construit. La culture des céréales, du cumin, de l'anis et du tabac est l'occupation principale des colons. Comme industrie on emploie l'alpha pour les nattes et couffins, on y fabrique des tuiles, des poteries, des gargoulettes excellentes. Il y a un hôtel et plusieurs cafés, dont un café maure.

A 14 kilomètres d'Arzew on trouve les salines qui ont une étendue de 12 kilomètres de longeur sur 6 de largeur et où le sel se cristallise naturellement. C'est une source de richesses pour cette contrée qui en tire de 2500 à 3000 tonnes par an par l'intermédiaire d'une compagnie dite des salines.

Nous restâmes deux jours à Arzew, et nous prîmes la diligence qui nous conduisit à Oran. Il n'y a que 37 kilomètres de cette ville à Arzew, et le trajet se fait habituellement en 6 heures. Mustapha se chargea de nous amener nos chevaux, et sir Wattingtson et moi nous descendîmes à l'hôtel du Nord où nous voulions rester quelques jours pour nous reposer, avant d'aller plus loin dans nos excursions.

CHAPITRE XVI

D'Oran à Orléansville. — Milianah. — Ténez. — Cherchell. — Koléah. — Arrivée à Alger. — Départ pour la France.

Il fallut enfin se décider à partir, car des lettres de plus en plus pressantes me rappelaient en France où des affaires d'intérêt exigeaient ma présence. Sir Watingttson de son côté brûlait d'envie d'être à Marseille pour y prendre le paquebot qui devait le conduire aux Indes, où il voulait aller porter son spleen; aussi, après trois jours d'un dolce farniente, nous enfourchâmes nos chevaux et nous reprîmes le cours de notre voyage, nous dirigeant sur Orléansville. La route qui conduit d'Oran à Orléansville rejoint celle de Mostaganem, dans la plaine de la Mina près de l'Oued Chélif, l'une des rivières les plus conséquentes de l'Algérie, dont un Arabe a apprécié naïvement l'influence fâcheuse en ces termes : « le pays est sain auprès du Chélif, quand l'hiver n'a pas été pluvieux, mais alors il n'est pas fertile ; il est fertile quand l'hiver a été pluvieux, mais alors il n'est pas sain. »

La première localité de quelque importance que nous traversons est Relizane, aujourd'hui déjà centre de population conséquent, sur un territoire de 4,000 hectares, arrosé par le Chélif et la Mina. Nous y couchons, et le lendemain nous passons la nuit à l'Oued-Isly, espèce de caravansérail ; le troisième jour nous demandons un abri au Borj-Isly et nous entrons enfin sur le territoire d'Orléansville. Là les vignes sont en abondance et donnent un vin délicieux. En descendant la rive gauche du Chélif à 4 kilomètres de la ville, on trouve les ruines d'une grande villa romaine, dans la ferme Bernardy, principalement un tombeau avec mosaïque. Nous ne faisons que passer à Pontéba, et nous atteignons la Ferme. C'est un établissement militaire, sur la rive droite de la rivière, qu'on traverse sur un pont américain fort élégant, et autour duquel s'est groupé un village ; nous entrons enfin en ville.

Orléansville, de construction toute française, est située sur la rive gauche du Chélif, à son confluent avec le Tigaout. Elle s'étend sur un plateau élevé, long et fertile qu'on appelle communément plaine du Chélif ; des montagnes abruptes et dénudées l'entourent dans un rayon très restreint. De belles constructions, vues de loin, lui donnent l'aspect d'une ville de France. Selon quelques savants, Orléansville serait fondée sur les ruines de Castellum-Tingitanum, car les ruines y sont fort nombreuses. Les indigènes avaient donné à ce lieu le nom de El-Esnam (les Croix), à cause des ouvrages de sculpture chrétienne qu'on y a trouvées en faisant des fouilles. On y a découvert, entre autres choses remarquables, une superbe mosaïque qui était le pavé d'une ancienne boutique. Elle n'a pas moins de 33 mètres de longueur sur 14 de large, et est ornée de cinq inscriptions, parmi lesquelles on peut voir celle de l'évêque Réparatus mort en 476. En dehors de cette basilique, on peut encore visiter l'emplacement et les ruines d'une seconde église au ieu même où s'élève l'hôpital militaire, et à environ 1 kilomètre, les restes de deux chapelles ou oratoires.

Orléansville est le chef-lieu d'une subdivision militaire et la résidence d'un général de brigade. La population est de 3,500 âmes environ. La ville a pour enceinte un mur bastionné, défendu d'un large fossé. Des boulevards intérieurs et extérieurs, plantés d'arbres se relient à une esplanade qui s'étend au sud. Il y a quatre portes qui sont : les portes de Ténez, de Milianah, de Mostaganem et de l'Ouarensenis. Aucune de ces constructions anciennes n'a été conservée. La réédification de la ville a été opérée sur un plan magnifique : rues larges et bien percées, dont les plus belles sont les rues de Rome, d'Illens, d'Isly, de l'Hôpital, de l'Etourneau, de Réparatus, du Commandeur, et de Milianah. La place d'Armes est spacieuse. Au milieu jaillit un jet d'eau, dans un large bassin d'orangers et de saules pleureurs ; des maisons à arcades l'environnent : les places de la Mosaïque et du Marché sont également plantées d'arbres. Les maisons sont d'architecture française, et l'ensemble forme un caractère imposant. Les plus belles sont : celle du Général qui peut être prise pour un véritable monument ; la Justice de Paix ; l'hôtel du trésor, la maison des chefs indigènes près de la porte de Milianah. Près de cette dernière se tient, tous les dimanches, un marché fréquenté par plus de 12,000 Arabes, apportant des grains, du miel, des cotonnades et amenant des chevaux et des bestiaux de toute espèce. L'apport de chaque marché peut être fixé à 200,000 francs.

Les indigènes ont deux fondouks pour les recevoir et des bains maures d'une construction riante et élégante. Les eaux sont amenées à Orléansville par un acqueduc couvert de construction romaine, mais elles sont imprégnées de sel de magnésie, ce qui les rend impropres à l'alimentation. Les nombreux cours d'eau qui traversent la plaine fournissent aussi du poisson en quantité : les Arabes le pêchent avec leurs burnous.

A Orléansville, comme dans presque toutes les villes de l'Algérie, les établissements militaires sont nombreux et grands. Casernes, hôpital, sous-intendances, etc., tout s'y trouve. Comme bâtiments civils, on ne trouve guère que la Mairie, le Théâtre, les écoles et l'abattoir. L'église est simple mais d'assez bon goût et dans le style gothique. Il y a aussi plusieurs hôtels et quatre ou cinq cafés assez beaux, ainsi qu'une brasserie.

Les environs d'Orléansville présentent des sites agrestes et pittoresques. La vue est circonscrite par des montagnes rudes et dépouillées qui bordent la plaine, mais ce qu'il y a de digne d'intérêt à voir, c'est la Pépinière forestière à 300 mètres de la ville ; elle est située dans une oasis délicieuse, et pourvue d'une quantité considérable d'arbres et de fleurs. De nombreuses plantations ont été faites également autour de la ville et sur les boulevards où elles forment une ceinture de verdure magnifique. La Smalah des Spahis est cantonnée à 14 kilomètres de la ville sur la route de Mostaganem, sur les bords de l'Oued-Isly.

Il y a 98 kilomètres d'Orléansville à Milianah, et pour arriver plus vite, nous prîmes le chemin de fer, qui nous y transporta en deux heures de temps.

Milianah, dans les montagnes du petit Atlas, à 900 mètres au-dessus du niveau de la mer, occupe le versant septentrional d'une crête, dont les murs couronnent les arêtes les plus élevées et dominent les déclivites à pic qui s'aplanissent peu à peu, en tournant à l'ouest, au nord et au nord-ouest. Elle est accessible de plein pied par un plateau qui vient de Bou-Tektoun, dont elle est dominée et enveloppée à distance. La ville a la forme d'un œuf allongé et un aspect riant et pittoresque, qu'elle doit aux magnifiques plantations de platanes et de peupliers qui bordent ses principales rues. C'est l'antique Mallianah, et elle est pleine des restes de la puissance romaine. Les statues, les colonnes, les monuments dont on rencontre des fragments, à chaque instant, dans les fouilles avec de nombreuses médailles prouvent que le luxe y avait choisi son séjour. Des sculptures curieuses on été encastrées grossièrement dans les remparts par les Arabes, qui ont réparé les travaux de défense à leur manière, à des époques reculées. Des tombeaux romains servent d'auges, d'abreuvoir et de bassin pour les ablutions aux portes de la mosquée.

Milianah fit partie du royaume de Tlemcem et après sa chute devint la proie des Turcs jusqu'en 1830 où l'empereur du Maroc, descendant des rois de Tlemcem, se souvint de cette ville et y envoya un officier pour la gouverner en son nom. Prise depuis par les Français, occupée par Abd-el-Kader, à trois reprises différentes, elle n'est définitivement en notre pouvoir que depuis 1841. Aujourd'hui c'est une ville d'une certaine importance dont la population s'accroît de jour en jour, chef-lieu de subdivision militaire et résidence d'un général de brigade. Un mur neuf garni de créneaux entoure la ville, déjà si bien défendue par la nature. Il est ouvert par deux portes : celles d'Orléansville et du Zakkar.

Milianah possède deux belles casernes pour l'infanterie et la cavalerie, une manutention, des magasins pour les vivres et le campement, des ateliers pour le génie, et de vastes silos en pierre, renfermant de l'orge et des grains. Comme établissements civils, on peut citer : l'église, de construction récente et d'un style simple moins élégant ; la mosquée arabe qui est fort belle et reste la seule des 25 que la ville renfermait au temps de sa splendeur ; de nombreux marabouts dont les principaux sont ceux de Sidi Mahommed, Ben Kassem, El Kali et Ben Youssef.

C'est ce dernier qui a dit en parlant de Milianah sa patrie : « les femmes commandent et les hommes y sont prisonniers. » C'était un savant et un poète arabe distingué qui a laissé de beaux ouvrages.

Des fontaines, en grand nombre déversent l'eau dans la ville et vont arroser de beaux jardins, dont les produits viennent apporter l'aisance parmi les habitants. Il y a plusieurs grands marchés : sur la place du Zakkar, au pont du Chélif et à Affreville, et les Arabes y font un grand commerce de grains, de cuirs, de chevaux et de bestiaux

Au temps des Turcs, les habitants de Milianah faisaient un grand commerce de sellerie, d'écuelles, sébilles et vases de bois, et se livraient avec succès à l'éducation des vers à soie. Aujourd'hui ils s'occupent de la culture de la vigne, du sorgho, et de la minoterie. Il y a quinze moulins dans les riches campagnes qui se dessinent en amphithéâtre au-dessus de la ville et sont arrosés par l'Oued Boutan et l'Oued-En-Asseur, qui descendent en cascades dans la plaine dont ils font à la fois l'agrément et la richesse.

L'intérieur de la ville a un aspect tout-à-fait français. On ne rencontre plus rien des anciennes constructions arabes. Les rues à trottoir sont larges et bien alignées. Elles ont été ouvertes dans la direction des vents les plus habituels au climat. Les rues St-Paul et St-Jean sont bordées de majestueux platanes qui les ombragent entièrement : des ruisseaux les parcourent; aussi la fraîcheur y règne-t-elle en tout temps. On y remarque d'assez belles maisons. Les places sont celles du Zakkar et du Centre. La ville est d'une excessive propreté entretenue par l'abondance des eaux.

La chaleur qui y est moins forte qu'à Alger, Bône et Oran, à cause de l'élévation de la ville, atteint néanmoins 31 degrés Réaumur, et les vents changeants sont funestes aux malades par suite de l'inconstance atmosphérique.

La pépinière et l'avenue de Blidah sont des lieux de promenade très fréquentés; les environs de la ville sont riants et se peuplent tous les jours. Le sol est riche en cultures et en minéraux : sulfures de plomb, oxyde et carbonate de fer: le paysage est pittoresque et agréable, la végétation admirable ; les ravins sont remplis d'arbres fruitiers d'espèces variées ; tout déploie aux yeux une terre d'avenir sous tous les rapports. Sur le mont Zakkar on trouve du cuivre, du marbre blanc, des pierres veinées d'un bon usage pour le bâtiment. Le Chélif serpente dans la plaine aux portes de la ville, et à 24 kilomètres on trouve les eaux thermales d'Hammam-Rirha, que les Romains avaient appelées

Aquæ Calidæ. Les ruines de cet établissement sont éparses sur la hauteur où l'on a fondé un hôpital militaire. Ces eaux sont excellentes pour le soulagement des douleurs chroniques.

En partant de Milianah nous rejoignons la route d'Orléansvillle à Ténez, la distance qui sépare cette ville de Milianah est presque doublée par l'absence d'une voie directe, qui nous force à retourner sur nos pas, car je voulais voir l'ancien et le nouveau Ténez. Nous y arrivâmes dans la soirée.

Le nouveau Ténez est bâti au bord de la mer, sur un plateau élevé de 50 mètres, qui semble isolé de tous les côtés. En effet les pentes de ce mamelon descendent presque à pic au rivage, dominant une plaine et des ravins. Un espéce de contre-fort d'une trentaine de mètres relie le nouveau et le vieux Ténez.

Vue de la mer la jeune cité a l'aspect le plus coquet. Ses constructions entièrement neuves sont dominées par l'hôpital militaire, édifice imposant. Dans certaines positions on découvre entièrement l'ancien repaire des pirates, le vieux Ténez, misérable bourgade bâtie à quelque distance des flots, cachée par les falaises du mouillage. On le reconnaît de loin, du reste, à son minaret peint en blanc. Il y a là un bon mouillage abrité contre les vents d'est et de nord-est, et on y a établi un pont débarcadère en charpente de 28 mètres de longueur, appuyé à une culée de maçonnerie. Une rampe facile mène à la ville que l'on n'aperçoit plus que pour y rentrer. Le nouveau Ténez occupe l'emplacement de la colonie romaine de Cartenna, où des fouilles ont fait trouver une grande quantité d'antiquités, statues, mosaïques et médailles. Il a été fondé en 1842, et nos soldats qui y campèrent, baraqués pendant plusieurs années, lui avaient plaisamment donné le nom de Plancheville. C'est aujourd'hui la résidence d'un commandant supérieur et la population y prend un accroissement rapide. Défendu par un bon mur crénelé avec bastion, il communique avec le vieux Ténez et est protégé de ce côté par un ravin. La ville est fort riante, comme toutes nos nouvelles villes d'Afrique les rues y sont larges, bien alignées et propres. Une fontaine monumentale décore la place de France où se tient le marché aux légumes journalier. La place de l'Eglise est plantée d'arbres, et l'église est fort coquette. Il y a une belle caserne; des écoles, un entrepôt pour la douane, un abattoir, un phare. Ténez étant le débouché forcé et naturel de la vallée du Chélif dont Orléansville est le centre d'action, deviendra par la suite, une des plus riches villes de l'Algérie. Déjà on y a établi des hôtels, des cafés, et élevé un petit théâtre.

Le vieux Ténez, est d'après Ptolémée, l'antique Lagonte, et ses habitants ont de tout temps été des pirates et des fripons, un Arabe en a dit: « Elle est bâtie sur du cuivre, son eau est comme du sang, son air est empoisonné. » Ce triste séjour était pourtant la capitale d'un royaume dont Barberousse s'empara en 1518. Aujourd'hui ses rues sont pleines de décombres, quoique l'administration française ait fait réparer la mosquée et le caravansérail. On y voit quelques jolies maisons mauresques, mais seulement deux maisons construites à la française : celle d cadi Mérouan et celle d'un négociant indigène.

Tout près de Ténez on a bâti le village de Montenotte.

La route qui y conduit est belle comme pittoresque et rappelle les gorges d'Ollioules, près de Toulon ou la route de Roche-les-Baume dans le Jura. Le village est assis sur un plateau couvert de céréales, d'oliviers, d'amandiers, de figuiers, et de vignes, et traversé par la route d'Orléansville. Dans ses environs on exploite de belles mines de cuivre qui occupent une foule d'ouvriers en partie indigènes maltais et espagnols.

Nous resolûmes à Ténez de finir notre voyage par mer, nous n'avions plus à visiter que Chercedll et Koléah et comme nous étions fatigués de ces longues routes à cheval, nous nous défîmes de nos bêtes, que nous abandonnâmes à notre guide Mustapha pour salaire du temps qu'il nous avait consacré et qui prit immédiatement avec Sultan Pacha, et miss Anna, (la jument de sir Wattingtson) le chemin de Constantine, en nous accablant de remercîments et de salamalecs. Pour nous, nous attendîmes le passage du paquebot, et le lendemain du jour où nous quitta Mustapha, nous étions à Cherchell. La ville s'aperçoit de très loin à 7 à 8 milles de distance. Deux batteries défendent l'entrée de la rade et de la jetée, et les bateaux à vapeur peuvent pénétrer dans l'avant-bassin. Le Cothon, ou pont artificiel que les Romains avaient creusé a été nettoyé et entouré de solides murailles en béton, il y a de la place pour plus de 40 navires de 150 à 200 tonneaux.

La ville s'étend en amphithéâtre. Les maisons bâties en pierres et recouvertes en tuiles sont presque toutes entourées d'arbres ou de jardins et présentent l'aspect le plus gracieux. De hautes constructions européennes dominent les maisons mauresques et les environs présentent des points de vue agréables. La chaîne du Zakkar, qui l'abrite en forme de croissant, semble l'isoler du continent. Le Chenoua interpose sa masse énorme entre Cherchell et la plaine de la Métidja. Au milieu du port, lorsque la mer est calme, on voit encore sous l'eau des ruines romaines, que la mer a couvertes lors d'un tremblement de terre. De chaque côté, la côte est formée par des falaises de moyenne hauteur, taillées à pic, qui se prolongent à une assez grande distance ; et qui semblent provenir d'un éboulement considérable.

Cherchell est l'Iol des Carthaginois, la Julia Cœsaréa des Romains, dont Juba fit la capitale de la Mauritanie césarienne. On y trouve des vestiges imposants de son antique splendeur ; un cirque où sainte Marianne a été livrée aux bêtes, et où saint Séverin et Sainte-Aquila ont été brûlés vifs ; un théâtre ou saint Arcadius a été coupé en morceaux ; un hippodrome très vaste ; les restes de Thermes monumentaux ; plus loin des bains à ciel ouvert consacrés à Diane ; un temple de Jupiter, un autre de Neptune ; les restes d'une basilique et partout une foule de marbres mutilés, de statues, d'inscriptions et de colonnes, même des médailles.

Ruinée par les Vandales, relevée par les Grecs de Bélisaire, elle fut prise et occupée par les Arabes et les Maures jusqu'en 1839 où elle fut investie par nos troupes.

La ville se rendit en 1840. Elle était déserte, les habitants s'étaient enfuis. Après une dernière attaque des troupes du Khalifa Berkani, les tribus voisines firent leur soumission, et depuis 1841, la paix est assurée dans ce canton.

Il y a à Cherchell un commandant supérieur et un bureau Arabe. La ville entourée d'une simple muraille où s'ouvrent les portes d'Alger, de Milianah et de Ténez, est assise en regard de la mer, sur un coteau bien boisé, qui est le premier contre-fort du mont Zakkar.

L'intérieur de la ville a un aspect gracieux, où les constructions arabes et européennes se lient entre elles par un enchaînement des plus pittoresques et des mieux entendus. Il y a de belles rues : les plus grandes sont : les rues du Centre, de la Fontaine, de Ténez et de Milianah, plusieurs places fort bien tenues et plantées d'arbres. Les principales sont les places Bugeaud et de l'Eglise.

L'hôpital militaire est une ancienne mosquée à trois nefs, supportées par 100 colonnes de granit, dont les chapiteaux sont admirablement sculptés. Il est situé au milieu de la ville que domine son minaret élevé, où se trouve l'horloge. Il y a également une caserne, un cercle pour les officiers qui contient une bibliothèque et un musée d'antiquités fort curieux qui s'augmente chaque jour par les découvertes faites dans les fouilles.

L'église est une ancienne mosquée appropriée au culte catholique ; il y a également une mosquée pour les Arabes.

Une visite curieuse à faire, c'est celle des vastes citernes romaines que l'on a retrouvées, déblayées et nettoyées. C'est un travail grandiose et digne de la nation qui l'a fait. On voit également deux acqueducs bien conservés, l'un dans la vallée de l'Oued-el-Hachem et l'autre chez les Beni-Habiba. Ce dernier a 17 arches dont celles du milieu ont trois étages. Un troisième, celui des Roseaux fonctionne avec quelques autres prises d'eau et alimente la ville. Deux ou trois hôtels pour les voyageurs, deux cafés, un petit théâtre qui n'a pas de troupe régulière sont les lieux de réunion des habitants.

La campagne environnante est très fertile et bien cultivée en vignes et en céréales. Nous nous en aperçûmes en faisant en chemin de fer le trajet qui nous séparait de Koléah où nous allions passer une journée.

Cette ville est bâtie sur un côteau et présente le tableau le plus champêtre et le plus paisible.

Entourée de verdure et de ravins où coule sans cesse une eau murmurante, ses maisonnettes blanches semblent placées capricieusement dans une corbeille de fleurs.

Koléah n'est illustrée par aucun souvenir, mais c'est une ville sainte des Arabes, par rapport au tombeau du fameux marabout Sidi Ali Embarrek, et elle est exclusivement militaire, car il y a toujours un camp où se trouvent des troupes. La population n'est guère que de 3.500 âmes et son importance politique peu considérable. Détruite par le tremblement de terre de 1825, Koléah a été rebâtie complètement au milieu des orangers des grenadiers, des citronniers, des jujubiers.

Six rues larges et tirées au cordeau la

composent ; elles ne sont pas pavées. Comme bâtiments, une église catholique et une mosquée pour les indigènes, la mairie, la caserne de la gendarmerie : comme promenade, le jardin des officiers, parterre entretenu avec le plus grand soin, plein de fleurs rares, orné de kiosques et où les parfums viennent charmer les sens : comme monuments, la mosquée de Sidi Ali-Embarrek qui sert aujourd'hui d'hôpital militaire et dont on peut admirer l'élégance et la riche architecture mauresque : le tombeau du saint marabout, est une chapelle entourée d'un péristyle et totalement détachée de la mosquée dont une dizaine de pas la séparent. Elle est isolée au moyen de cloisons en planches impénétrables aux regards des chrétiens, et il est peu de sanctuaires où l'on respire un air de dévotion plus profondément senti. Des tapis, des textes dorés, des lustres en cuivre et en cristal en font le principal ornement.

Il n'y a que très peu de commerce à Koléah, où la garnison, les troupes du camp seulement donnent un peu d'animation. La vie y est à bon marché, le poisson est excellent et le marché est bien approvisionné par les Arabes en denrées de toutes espèces. Les environs sont très verts et très fertiles, ce n'est qu'une suite de vergers et de jardins, quelques terres labourées, et, par-ci par-là, de larges prairies du côté du Massafran.

On passe ce cours d'eau sur un très beau pont américain de 98 m. de longueur sur 6 de largeur, construit par l'Administration des Ponts et Chaussées.

C'est sur la rive droite, non loin de ce passage, autrefois fréquenté sous le nom de Mokta Naçara (où gué des chrétiens) et dans le large vallon qui garde le nom de Massafran que le 3e léger fut si cruellement décimé par les troupes d'Abd-el-Kader en 1841. Chaque pas fait dans ce vallon rappelle l'héroïsme de nos soldats et retrace leur souvenir.

Après avoir été rendre visite à cette glorieuse et riante vallée du Massafran nous revînmes à Koléah, et le soir à cinq heures, nous étions emportés à toute vapeur sur la route d'Alger.

Ce ne fut pas sans quelque émotion que je

rentrai dans la ville après quatre mois d'absence employés en voyages incessants, et ce ne fut pas sans plaisir que je retrouvai ma chambre à l'hôtel d'Orient où j'avais laissé à peu près tous mes bagages. J'avais fixé mon départ au samedi sur le paquebot poste des Messageries Maritimes, l'*Indus*. Mon passage était arrêté et nous n'étions qu'au mercredi, je profitai du temps qui me restait pour aller visiter la Trappe de Staouéli.

La plaine est située à 1 heure et demie de marche de la pointe de Sidi Ferruch, et la diligence qui fait le trajet d'Alger à Koléah passe devant la porte du couvent. J'y arrivai vers les huit heures du matin et me présentai au R. P. Gardien qui m'accueillit avec une affabilité sans égale, et me fit voir tout ce qu'il y avait d'intéressant après m'avoir préalablement fait faire un copieux déjeuner dont profitèrent sir Watingtson et deux autres de mes compagnons de voyage.

L'évêque d'Alger a posé la première pierre de l'Etablissement le 14 septembre 1843 sur un lit de boulets ramassés à l'endroit même où eut lieu le combat de Staouëli et la consécration de l'Edifice eut lieu le 30 août 1845. Aujourd'hui, il y a plus de cent religieux. Le monastère renferme une belle ferme, des ateliers pour diverses industries et l'exploitation agricole, un moulin, quatre fontaines et une orangerie. Un bouquet de palmiers ombrage une statue de la Ste Vierge, dont le nom, sous le titre de Notre-Dame de Staouëli est le vocable de l'abbaye. Une hôtellerie louée à un restaurateur sert à manger aux pèlerins ordinaires. Les voyageurs reçoivent gratuitement l'hospitalité. Mais il est rare qu'ils se retirent sans faire achat de quelques menus objets de piété. Il nous fallut tout voir, tout visiter sous la conduite de notre cicérone, et nous rentrâmes à Alger, l'esprit plein de cette abnégation qui distingue les religieux. Là, tout le monde est admis, indigents ou malades, tous sont sûrs d'y trouver un abri et du pain. La porte n'est fermée pour personne, et la seule ambition de ces bons pères est de mourir. Après les résultats obtenus à Staouëli, rien n'est plus impossible en Algérie, toutes les difficultés ont été vaincues dans cet essai de colonisation : celle du climat puisque la position était des plus malsaines, celle du sol, puisqu'on avait choisi le plus deshérité, le plus ingrat de l'Afrique; celle de l'isolement, puisqu'aucune route n'y avait été tracée jusque là.

Le temps du départ est enfin arrivé, l'*Indus* était à lever l'ancre, et je me tenais debout sur l'arrière de la passerelle ayant à mes côtés sir Wattingtson et un jeune capitaine de zouaves qui rentrait aussi dans la mère-patrie, par suite d'un changement de corps. Je contemplais la terre d'Afrique et je me faisais mille réflexions pendant qu'elle disparaissait à mes yeux. Ceux que les armes romaines n'ont pu dompter entièrement, la France en a fait des sujets dévoués aujourd'hui, car à part des insurrections partielles, on peut dire que l'Algérie est entièrement pacifiée. Nous avons eu besoin d'un demi-siècle pour en arriver à ce résultat qui nous a coûté de l'argent et des hommes. Mais enfin il est obtenu. La paix que Rome donnait à ses peuples signifiait pour les vaincus, faiblesse et asservissement; la paix que leur donne la France veut dire progrès, liberté, sécurité et civilisation.

Espérons donc en l'avenir de cette riche et belle colonie qui est appelée à devenir une nouvelle France, et que l'Algérie ait confiance en son beau ciel et la riche nature de son sol, et surtout au peuple qui sait faire tant de grandes choses, à la France qui a fait tant d'efforts, accompli tant de travaux grandioses dans ces contrées barbares, il y a un demi-siècle, et où commence à luire aujourd'hui le flambeau de la civilisation.

FIN.

TABLE DES MATIERES.

	Pages
Préface	1

Chapitre Ier. — Marseille et la *Marie Elisabeth*. — Le navire et les passagers. — Le départ. — Le golfe du Lion. Les Majorques. — Comment vient un grain. — Tempête. — Naufrage du trois-mâts 3

Chapitre II. — L'île de Chargui. — A terre. — Les dattiers. — Les chêvres sauvages. — Projets. — Accueil qui nous est fait par les Berbères. — Nous prenons passage sur un bateau de pêche. — Arrivée à Tunis et visite au consul. — Quelqués mots sur la ville. — Abdallah nous sert d'interprète.. 22

Chapitre III. — Quelques mots de l'histoire de Tunis. — Mœurs, usages et coutumes. — Industrie des habitants. — Commerce. — Monuments. — Ruines de Carthage. — Les naufragés se séparent. — *L'aviso* le *Forbin* et la caravane... 43

Chapitre IV. — Départ de la caravane. — Le Khef. — Le désert. — Les Kroumirs — Le Simorin. — Souk-Harras...... 64

Chapitre V. — Constantine et ses environs. — Notions historiques. — Description........... 91

Chapitre VI. — Exploration à Guelma, à Bône et la Calle 114

Chapitre VII. — La Calle. — La pêche du corail. — Voyage par mer de la Calle à Stora. — Aspect de Philippeville. — El-Harrouch. — Jemmapes. — Retour à Constantine.......... 132

Chapitre VIII. — Adieux à Constantine. — Sétif. — Bougie et Djidjeli. — Fort Napoléon et Souk-el-Arba. — La Kabylie et les kabyles du Djurjura. — Mœurs, usages, coutumes des habitants du pays.................................... 148

Chapitre IX. — La Kabylie et les Kabyles du Djurjura................................. 168

Chapitre X. — Arrivée à Dellys. — Alger. — Histoire et physionomie de la ville 190

Chapitre XI. — Alger et son aspect intérieur. — Description de la ville. — Monuments célèbres. — Maisons. — Rues. — Places. — Passages.

Marchés. — Eglises. — Mosquées. — Cimetières 213

Chatitre XII. — La vie à Alger. — Mœurs, usages et coutumes. — Bains maures et bains français. — Hôtels et cafés. — Cafés maures. Bazars et bals. — Etablissements militaires.. 241

Chapitre XIII. — Environs d'Alger. — Douéra. — Bouffarick. — Blidah. — Médéah. — Boghar. — Laghouat. — Un coup d'œil sur l'intérieur de la province d'Alger................. 257

Chapitre XIV. — De Laghouat à Géryville. — Saïda. — Frenda. — Tiaret. — Mascara. Saint-Denis du Sig. — Notre arrivée à Oran. Description de la ville................ 285

Chapitre XV. — Les environs d'Oran. — Excursion de la province. Miserghinn. — Amtimochenn. — Sidi-Bel Tlemcem. — Nédromah. — Nemours. — Mostaganem. — Orgew-Magagran. — Retour à Oran.............. 310

Chapitre XVI. — Oran à Orléansville. — Milianah. — Ténez. — Cherchell. — Koliah. — Arrivée à Alger. — Départ pour la France....... 337

FIN DE LA TABLE DES MATIÈRES.

Paris. — Imprimerie G. Téqui, 92, rue de Vaugirard, 92.

ON TROUVE A LA MÊME LIBRAIRIE

Mémoires d'un Enfant pauvre par L. Noble vol. in-12.... 2 » »

Sacrifices des Mères, par Jeanne l'Ermite 1 vol. in-12.... 1 » »

Miette, par le commandant Stany, 1 vol. in-12. 2 » »

Jenny-les-Bas-rouges, le Moulin de la Follette, un Notaire qui politique, par A. de Besancenet. In-12.... 2 » »

Écho de saint Michel (l') par J. de Rochay. 2 » »

Au milieu des Loups, par L. Noble. 2 vol. in-12.... 4 » »

Adrien Doizy, par Mmes Th. Duclos et B. d'Ellimag, 1 vol. in-12.... 2 » »

Le petit Joseph, par Mme Marie Scheltema, 1 vol. in-12.... 1 » »

Mère Madeleine (la), par Caroline de Beaulieu, vol. in-2.... 2 » »

Couronnes d'or, Couronnes d'épines, par Mme la Csse de la Rochère. 1 vol. in-12.. 2 » »

Dommartin (le général), en Italie et en Egypte, ordres de services et correspondances, 1786-1799, par A. de Besancenet 1 vol-in 12.... 2 » »

Paris — Imprimerie G. TÉQUI, 92, rue de Vaugirard.

www.ingramcontent.com/pod-product-compliance
Lightning Source LLC
Chambersburg PA
CBHW060053190426
43201CB00034B/1400